Cent poèmes d'Aimé Césaire

© Omnibus, un département de place des éditeurs, 2009
ISBN : 978-2-258-07928-1
Code éditeur : 529
Dépôt légal : avril 2009
Imprimé en Espagne

Cent poèmes d'Aimé Césaire

omnibus

par lui-même : Aimé Césaire

A comme *Armes miraculeuses*. Ces « armes miraculeuses » de résistance créatrice (titre de son premier recueil en 1946) sont pour Aimé Césaire celles de la poésie, du théâtre, du discours : « ma bouche sera la bouche des malheurs qui n'ont point de bouche, ma voix, la liberté de celles qui s'affaissent au cachot du désespoir. » Dans une histoire qui s'inaugure par la colonisation, la traite et l'esclavage, le poète forge des armes de parole qui deviennent les outils de l'émancipation et de l'identité conquises. Des *Ferments* contre les *Ferrements*. Des outils volés aux maîtres qui détruisent l'oppression sans autodestruction de la victime, qui expriment l'humanité de l'opprimé en imposant aussi à l'oppresseur de reconnaître et d'assumer la sienne. Tous les poètes caribéens transforment depuis toujours leurs langues de maîtrise (français, anglais, créole, espagnol) en écritures de résistance : « des mots, mais des mots de sang frais, des mots qui sont des raz-de-marée [...] et des laves et des feux de brousse, et des flambées de chair. »

I comme Île. Césaire est un enfant de la Martinique, c'est-à-dire d'une petite île de mille cent kilomètres carrés, « petit canton de l'univers » pris entre la mer des Caraïbes et l'océan Atlantique. La solitude est originelle (« toute île est veuve »), et la solidarité est à imaginer et à conquérir par la perception des autres îles sœurs visibles à l'horizon. La clôture insulaire s'ouvre sur une conscience d'archipel qui parcourt tout l'arc caraïbe, collier d'îles qui relie les Amériques du Nord et du Sud et le rattache aux continents d'Europe et d'Afrique, selon l'exacte réalité géologique du mouvement des plaques tectoniques : « je ne suis pas cloué sur le plus absurde des rochers. » « cavalier du temps et de l'écume ». Ce mouvement d'une conscience solitaire vers une identité d'archipel explique toute la poétique de Césaire et son ouverture à l'universel, par approfondissement géologique de la spécificité pour atteindre le noyau universel d'où s'irradie le feu au cœur de tous les terriens.

M comme *Moi, laminaire*. Césaire a choisi ce titre pour son recueil de 1981, par volonté de manifester son ancrage dans son île natale. La laminaire est une algue fragile, ballottée au gré des vagues entre l'air, l'eau et la terre. Mais elle a la particularité d'être solidement attachée à son rocher, et aucune tempête ne peut l'en arracher. Pour Césaire, cela manifeste la puissance de la fragilité, la force de la délicatesse, la fidélité à ses origines, malgré tous les mouvements, tous les ballottements et tous les arrachements de l'Histoire, et les cataclysmes de la géographie : éruptions, séismes, cyclones et raz-de-marée. « La poussière d'alizé, par la vertu de l'écume et la force de la terre [...] la relance se fait algue laminaire ».

É comme Écriture. Pour Césaire, la poésie est « la parole essentielle », entre les silences séculaires imposés aux peuples et les bavardages des faux discours. Prendre la parole après des siècles de silence ne peut se faire qu'avec un grand respect des mots, de leur puissance, de leur justesse et de leur rareté. Comme il le proclame dès 1944 : « La poésie est cette démarche qui par le mot, l'image, le mythe, l'amour et l'humour m'installe au cœur vivant de moi-même et du monde. » C'est pour cela qu'elle surgit comme expression ultime de liberté face aux paroles bâillonnées, « hoquets d'essentiel » au-delà du silence et de « l'inepte bavardage de l'ambiant marécage ». Comme la danse surgit en tant que résistance ultime aux corps enchaînés. « La poésie, c'est pour moi la parole essentielle. J'ai l'habitude de dire que la poésie dit plus. Bien sûr, elle est obscure, mais c'est un "moins" qui se transforme en "plus". La poésie, c'est la parole rare, mais c'est la parole fondamentale parce qu'elle vient des profondeurs, des fondements, très exactement, et c'est pour ça que les peuples naissent avec la poésie. »

C comme *Cahier d'un retour au pays natal*. C'est le chef-d'œuvre initial d'un étudiant de vingt-cinq ans qui est pétri de toutes les cultures du monde, noyé sous les lectures de tous les continents, découvrant à la fois les richesses antiques et modernes d'Europe, d'Afrique, d'Asie (il a déjà tout lu) et rendu presque fou par l'absence d'enracinement de ces mondes dans sa propre terre natale, « terre muette et stérile », et son identité aliénée : « l'atrophiement monstrueux de la voix, le séculaire accablement, le prodigieux mutisme. » Heureusement, l'éruption poétique de son *Cahier* en 1939 va le sauver du désespoir en lui révélant les réalités cachées de sa propre histoire et de sa profonde géologie. C'est le passage d'une vision désespérément horizontale de son pays apparemment sans histoire, sans espoir, sans parole, « cette ville inerte, cette foule criarde, si étrangement bavarde et muette », écrasées par l'oppression et la misère, à la conscience finale d'une identité conquise, d'un peuple « debout et libre / [...] / debout à la barre / debout à la boussole / debout à la carte / debout sous les étoiles. » Un peuple vertical qui a édifié le monde nouveau des Antilles malgré les obstacles de l'Histoire et les défis des cataclysmes, en construisant son identité avec le secours de la géographie : « ce n'est pas un paysage, c'est un pays, ce n'est pas une population, c'est un peuple. »

E comme Engagement. C'est la puissance de la création poétique de Césaire qui l'a conduit à l'engagement politique, et non l'inverse. Son engagement politique a consisté avant tout à travailler à la libération des peuples du tiers-monde et à l'égale dignité des cultures. Dans sa lettre de démission du parti communiste en 1956, il écrit : « aucune pensée, aucune théorie ne valent que repensées par nous et pour nous. C'est une véritable révolution copernicienne qu'il faut faire en Europe tant est ancrée l'habitude de penser pour nous, bref, de nous contester le droit à la personnalité. » Et, malgré la primauté en lui de l'acte poétique, il n'a jamais renié le temps et l'espace accordés par lui à ses fonctions de député et de maire de Fort-de-France durant un demi-siècle : « j'ai sans doute senti que la politique était quand même un mode de relation avec cet essentiel qu'est la communauté à laquelle j'appartiens. Alors ça, c'est la reconnaissance que j'ai envers la politique parce qu'à aucun moment je n'ai pu, je n'ai cessé même une seconde de penser que je suis de cette communauté-là, que je suis des Antilles, que dis-je, que je suis de Trénelle, que je suis de Volga-Plage, que je suis de Texaco, que je suis l'homme du faubourg, que je suis l'homme de la mangrove, que je suis l'homme de la montagne. Et la politique a maintenu vivant ce lien et vivante cette relation. »

S comme Soleil « œil fascinant mon œil ». Toute l'esthétique de Césaire est fondée sur la parole donnée à la géographie, à la géologie, à la flore et la faune de la Caraïbe, éclairées par le soleil, « l'insolent tison, silex haut à brûler la nuit ». « Ainsi ma poésie est une poésie péléenne. En tout cas, me pensant, c'est toujours en termes de terre, ou de mer, ou de végétal que je me dessine. » Il a trouvé son enracinement esthétique dans la fertilité de la lave du volcan et dans le foisonnement surréaliste de la forêt tropicale : « ma parole capturant des colères / soleils à calculer mon être / natif natal. »

A comme Afrique et Amérique. Dans son œuvre comme dans son action, il ne s'agit nullement de nostalgie de retour vers les continents des ancêtres africains ou amérindiens. Ce sont des lieux de force, réserves des mémoires de luttes et d'espérances, comme « le sucre du mot Brésil au fond du marécage ». Avec la puissance héritée des grands arbres — baobabs, palmiers, banians — et des grands fleuves des ancêtres, Niger, Amazone : « à force de penser au Congo / je suis devenu un Congo bruissant de forêts et de fleuves ». Il s'agit de retrouvailles en soi-même des dimensions africaines et amérindiennes préservées, et de solidarité active avec les opprimés d'Afrique et d'Amérique d'aujourd'hui. Césaire écrit pour le théâtre *Une saison au Congo*, à partir du drame congolais de Lumumba, et *Une tempête*, à propos des combats de Martin Luther King et de Malcolm X, deux pièces inspirées par la plus brûlante actualité de son temps : « la carte du monde faite à mon usage, non pas teinte aux arbitraires couleurs des savants, mais à la géométrie de mon sang répandu ».

I comme *Insolites bâtisseurs*. Tant dans sa poésie que dans son action politique, notamment comme maire de Fort-de-France, fier de ses « polders » gagnés sur la mer et les marécages, Césaire a toujours eu l'obsession de bâtir, d'édifier la verticalité contre l'horizontalité de la « ville plate, étalée », et de la mer : « bâtir, construire, c'est le mot contraire au débris, et je crois que si j'avais un appel à faire aux jeunes, à la nouvelle génération, je dirais, il faut construire ». Message présent jusque dans ses ultimes poèmes : « De tout ce que de montagne il s'est bâti en toi / construis chaque pas déconcertant / la pierraille sommeilleuse / ne dépare pas le pur visage de l'avenir / bâtisseur d'un insolite demain ».

R comme Résistance. « Préserve la parole, rend fragile l'apparence, capte au décor le secret des racines, la résistance ressuscite ». Face à toute oppression, intérieure ou extérieure, et loin des pièges de la haine (« haïr, c'est encore dépendre ») et du ressentiment, Césaire promeut l'idée de résistance créatrice, solidaire de tous ceux qui se battent pour édifier et non pour détruire. Dès l'introduction du premier numéro de la revue *Tropiques* créée en 1941 avec sa femme Suzanne et René Ménil en Martinique, en pleine oppression pétainiste des Antilles, cette idée de résistance s'affiche au départ de l'action et de la création : « Où que nous regardions, l'ombre gagne. L'un après l'autre les foyers s'éteignent. Le cercle d'ombre se resserre, parmi des cris d'hommes et des hurlements de fauves. Pourtant nous sommes de ceux qui disent *non* à l'ombre. Nous savons que le salut du monde dépend de nous aussi. Que la terre a besoin de n'importe lesquels d'entre ses fils. [...] Les hommes de bonne volonté feront au monde une nouvelle lumière. »

E comme Espoir. Comme *Espérance à flanc d'abîme*, du poète qui habite « un paradis raté », mais garde confiance en toute terre d'humanité : « N'y eût-il dans le désert / qu'une seule goutte d'eau qui rêve tout bas, / dans le désert n'y eût-il / qu'une graine volante qui rêve tout haut, / c'est assez ». Au temps venu du bilan, du compte des espoirs réalisés, des réveils demeurés rêves le long de tout le chemin parcouru : « Évidemment une vie d'homme ce n'est pas ombre et lumière. C'est le combat de l'ombre et de la lumière, ce n'est pas une sorte de ferveur et une sorte d'angélisme, c'est une lutte entre l'espoir et le désespoir, entre la lucidité et la ferveur, et cela est valable pour tous les hommes, finalement sans naïveté aucune parce que je suis un homme de l'instinct, je suis du côté de l'espérance, mais d'une espérance conquise, lucide, hors de toute naïveté parce que je sais que là est le devoir. Parce que désespérer de l'Histoire, c'est désespérer de l'Homme. »

Daniel Maximin

Les poèmes sont présentés par ordre chronologique à l'intérieur de chaque chapitre, ouvert chacun par un extrait du Cahier d'un retour au pays natal, *illustré d'un tableau de son ami-frère, Wifredo Lam. La plupart des photos sont liées aux parcours familiers d'Aimé Césaire en Martinique.*

Daniel Maximin et Aimé Césaire.

Omi Obini, Wifredo Lam, 1943.

OUVERTURES

    Partir. Mon cœur bruissait de générosités emphatiques. Partir… j'arriverais lisse et jeune dans ce pays mien et je dirais à ce pays dont le limon entre dans la composition de ma chair : « J'ai longtemps erré et je reviens vers la hideur désertée de vos plaies. »

    Je viendrais à ce pays mien et je lui dirais : « Embrassez-moi sans crainte… Et si je ne sais que parler, c'est pour vous que je parlerai. »

    Et je lui dirais encore :
    « Ma bouche sera la bouche des malheurs qui n'ont point de bouche, ma voix, la liberté de celles qui s'affaissent au cachot du désespoir. »
    Et venant je me dirais à moi-même :
    « Et surtout mon corps aussi bien que mon âme, gardez-vous de vous croiser les bras en l'attitude stérile du spectateur, car la vie n'est pas un spectacle, car une mer de douleurs n'est pas un proscenium, car un homme qui crie n'est pas un ours qui danse… »

cahier d'un retour...

et voici au bout de ce petit matin ma prière virile
que je n'entende ni les rires ni les cris, les yeux fixés
sur cette ville que je prophétise, belle,
donnez-moi la foi sauvage du sorcier
donnez à mes mains puissance de modeler
donnez à mon âme la trempe de l'épée
je ne me dérobe point. Faites de ma tête une tête de proue
et de moi-même, mon cœur, ne faites ni un père, ni un frère,
ni un fils, mais le père, mais le frère, mais le fils,
ni un mari, mais l'amant de cet unique peuple.

Faites-moi rebelle à toute vanité, mais docile à son génie
comme le poing à l'allongée du bras !
Faites-moi commissaire de son sang
faites-moi dépositaire de son ressentiment
faites de moi un homme de terminaison
faites de moi un homme d'initiation
faites de moi un homme de recueillement
mais faites aussi de moi un homme d'ensemencement

faites de moi l'exécuteur de ces œuvres hautes
voici le temps de se ceindre les reins comme un vaillant
homme –

Mais les faisant, mon cœur, préservez-moi de toute haine
ne faites point de moi cet homme de haine pour qui je n'ai
que haine
car pour me cantonner en cette unique race
vous savez pourtant mon amour tyrannique
vous savez que ce n'est point par haine des autres races
que je m'exige bêcheur de cette unique race
que ce que je veux

c'est pour la faim universelle
pour la soif universelle

la sommer libre enfin
de produire de son intimité close
la succulence des fruits.

Et voyez l'arbre de nos mains !
il tourne, pour tous, les blessures incises
en son tronc
pour tous le sol travaille
et griserie vers les branches de précipitation parfumée !

Mais avant d'aborder aux futurs vergers
donnez-moi de les mériter sur leur ceinture de mer
donnez-moi mon cœur en attendant le sol
donnez-moi sur l'océan stérile
mais où caresse la main la promesse de l'amure
donnez-moi sur cet océan divers
l'obstination de la fière pirogue
et sa vigueur marine.

La voici avancer par escalades et retombées sur le flot pulvérisé
la voici danser la danse sacrée devant la grisaille du bourg
la voici barir d'un lambi vertigineux
voici galoper le lambi jusqu'à l'indécision des mornes
et voici par vingt fois d'un labour vigoureux la pagaie forcer l'eau
la pirogue se cabre sous l'assaut de la lame, dévie un instant,
tente de fuir, mais la caresse rude de la pagaie la vire,
alors elle fonce, un frémissement parcourt l'échine de la vague,

la mer bave et gronde
la pirogue comme un traîneau file sur le sable.

   Au bout de ce petit matin, ma prière virile :
donnez-moi les muscles de cette pirogue sur la mer démontée
et l'allégresse convaincante du lambi de la bonne nouvelle !

Aimé Césaire à la Sorbonne, à Paris,
lors du 1er Congrès international
des intellectuels et artistes noirs.

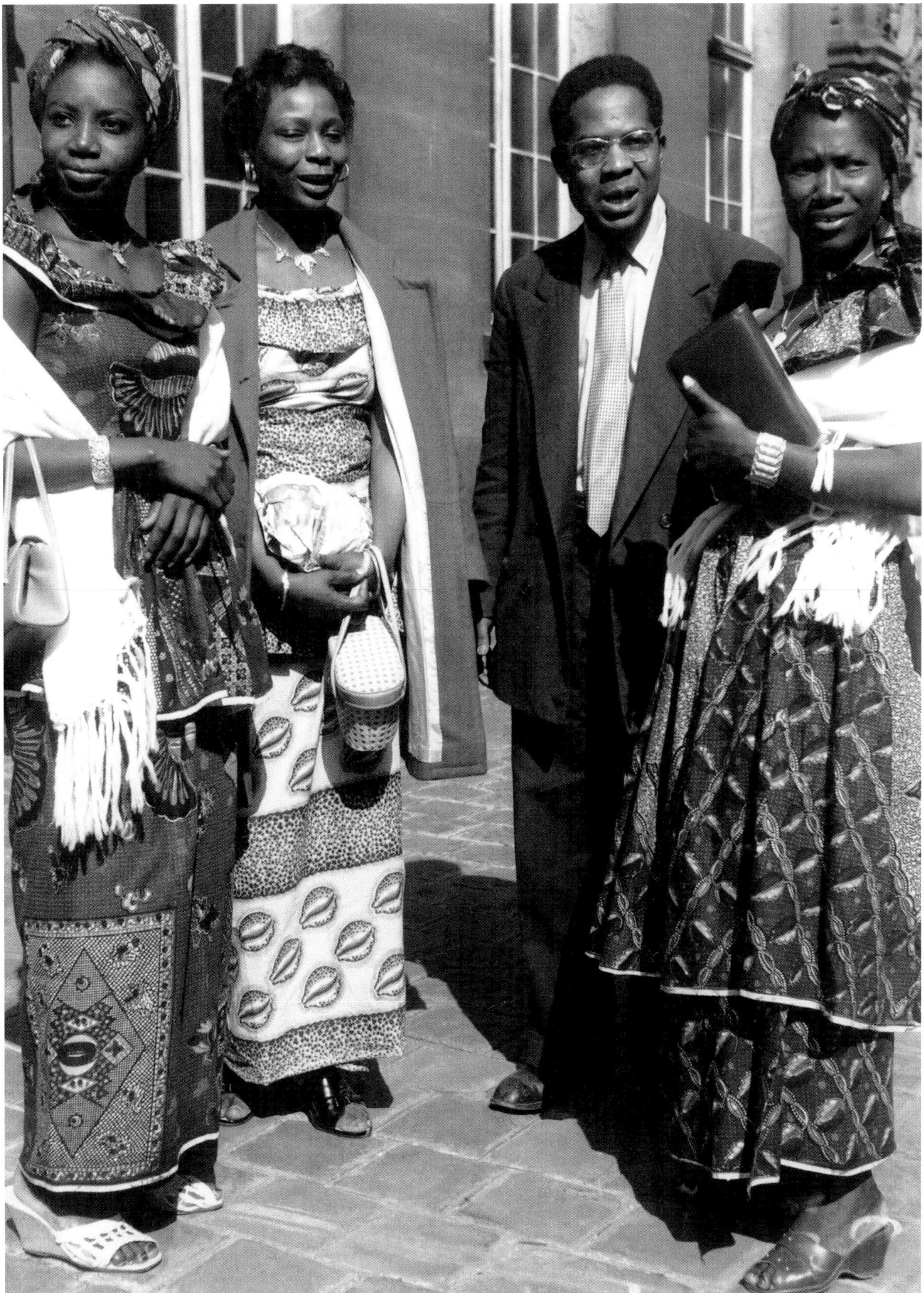

avis de tirs

J'attends au bord du monde les-voyageurs-
qui-ne-viendront-pas
donnez-m'en
du lait d'enfance des pains de pluie des
farines de mi-nuit et de baobab
mes mains piquées aux buissons d'astres
mais cueillies d'écume
délacent avant temps
le corsage des verrous
et la foudroyante géométrie du
trigonocéphale
pour mon rêve aux jambes de montre
en retard
pour ma haine de cargaison coulée
pour mes 6 arbres géants de Tasmanie
pour mon château de têtes en Papouasie
pour mes aurores boréales mes sœurs
mes bonnes amies
pour mon amie ma femme mon otarie
ô vous toutes mes amitiés merveilleuses,
mon amie, mon amour
ma mort, mon accalmie, mes choléras
mes lévriers

mes tempes maudites
et les mines de radium enfouies dans
l'abysse de mes innocences
sauteront en grains
dans la mangeoire des oiseaux
(et le stère d'étoiles
sera le nom commun du bois de chauffage
recueilli aux alluvions des veines chanteuses
de nuit)
à la 61e minute de la dernière heure
la ballerine invisible exécutera des tirs au
cœur
à boulets rouges d'enfer et de fleurs pour
la première fois
à droite les jours sans viande sans yeux
sans méfiance sans lacs
à gauche les feux de position des jours tout
court et des avalanches
le pavillon noir à dents blanches du Vomito-
Negro
sera hissé pendant la durée illimitée
du feu de brousse de la fraternité.

les pur-sang (extrait)

Néant de jour
Néant de nuit
une attirance douce
à la chair même des choses
éclabousse.

Jour nocturne
nuit diurne
qu'exsude
la Plénitude

Ah

Le dernier des derniers soleils tombe.

Où se couchera-t-il sinon en Moi ?

A mesure que se mourait toute chose,
Je me suis, je me suis élargi — comme le
monde —
et ma conscience plus large que la mer !
Dernier soleil.
J'éclate. Je suis le feu, je suis la mer.
Le monde se défait. Mais je suis le monde

La fin, la fin disions-nous.

Quelle sottise. Une paix proliférante
d'obscures puissances. Branchies opacules
palmes syrinx pennes. Il me pousse
invisibles et instants par tout le corps,
secrètement exigés, des sens,

et nous voici pris dans le sacré
tourbillonnant ruissellement primordial
au recommencement de tout.

La sérénité découpe l'attente en prodigieux
cactus.
Tout le possible sous la main.
Rien d'exclu.

et je pousse, moi, l'Homme
stéatopyge assis
en mes yeux des reflets de marais, de honte,
d'acquiescement
— pas un pli d'air ne bougeant aux
échancrures de ses membres —
sur les épines séculaires

je pousse, comme une plante
sans remords et sans gauchissement
vers les heures dénouées du jour
pur et sûr comme une plante
sans crucifiement
vers les heures dénouées du soir

La fin !
Mes pieds vont le vermineux cheminement
plante
mes membres ligneux conduisent d'étranges
sèves
plante plante

et je dis
et ma parole est paix
et je dis et ma parole est terre
et je dis
et
la Joie
éclate dans le soleil nouveau
et je dis :
par de savantes herbes le temps glisse
les branches picoraient une paix de flammes vertes
et la terre respira sous la gaze des brumes
et la terre s'étira. Il y eut un craquement
à ses épaules nouées. Il y eut dans ses veines
un pétillement de feu.
Son sommeil pelait comme un goyavier d'août
sur de vierges îles assoiffées de lumière
et la terre accroupie dans ses cheveux
d'eau vive
au fond de ses yeux attendit
les étoiles.

« dors, ma cruauté », pensai-je

l'oreille collée au sol, j'entendis
passer Demain

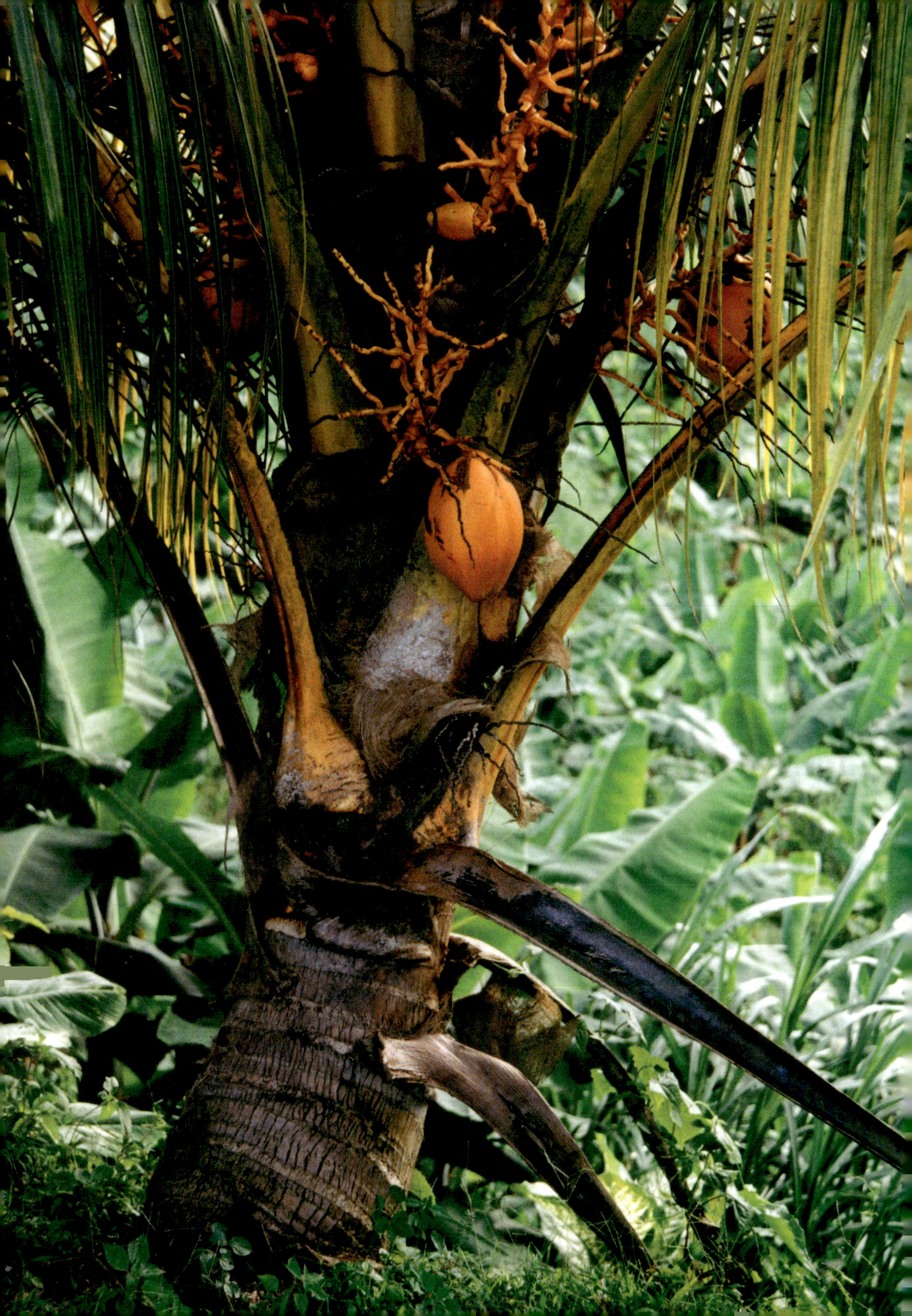

batouque (extrait)

batouque
quand le monde sera un vivier où je pêcherai mes yeux à la ligne de tes yeux
batouque
quand le monde sera le latex au long cours des chairs de sommeil bu
batouque
batouque de houles et de hoquets
batouque de sanglots ricanés
batouque de buffles effarouchés
batouque de défis de guêpiers carminés
dans la maraude du feu et du ciel en fumée
batouque des mains
batouque des seins
batouque des sept péchés décapités
batouque du sexe au baiser d'oiseau à la fuite de poisson
batouque de princesse noire en diadème de soleil fondant
batouque de la princesse tisonnant mille gardiens inconnus
mille jardins oubliés sous le sable et l'arc-en-ciel
batouque de la princesse aux cuisses de Congo
de Bornéo
de Casamance

batouque de nuit sans noyau
de nuit sans lèvres
cravatée du jet de ma galère sans nom
de mon oiseau de boomerang
j'ai lancé mon œil dans le roulis dans la Guinée du désespoir et de la mort
tout l'étrange se fige île de Pâques, île de Pâques
tout l'étrange coupé des cavaleries de l'ombre
un ruisseau d'eau fraîche coule dans ma main sargasse de cris fondus

Et le navire dévêtu creusa dans la cervelle des nuits têtues
mon exil-minaret-soif-des-branches
batouque
Les courants roulèrent des touffes de sabres d'argent
et de cuillers à nausée
et le vent troué des doigts du SOLEIL
tondit de feu l'aisselle des îles à cheveux d'écumes
batouque de terres enceintes
batouque de mer murée
batouque de bourgs bossus de pieds pourris de morts épe-
lées dans le désespoir sans prix du souvenir
Basse-Pointe, Diamant, Tartane, et Caravelle
sekels d'or, rabots de flottaisons assaillis de gerbes et de
 nielles
cervelles tristes rampées d'orgasmes
tatous fumeux
O les kroumens amuseurs de ma barre!
le soleil a sauté des grandes poches marsupiales de la mer
sans lucarne
en pleine algèbre de faux cheveux et de rails sans tramway;
batouque, les rivières lézardent dans le heaume délacé
des ravins
les cannes chavirent aux roulis de la terre en crue de
bosses de chamelle
les anses défoncent de lumières irresponsables les vessies
sans reflux de la pierre

soleil, aux gorges!
noir hurleur, noir boucher, noir corsaire batouque déployé
d'épices et de mouches
Endormi troupeau de cavales sous la touffe de bambous
saigne, saigne troupeau de carambas.

Assassin je t'acquitte au nom du viol.
Je t'acquitte au nom du Saint-Esprit
Je t'acquitte de mes mains de salamandre.
Le jour passera comme une vague avec les villes en bandoulière
dans sa besace de coquillages gonflés de poudre
Soleil, soleil, roux serpentaire accoudé à mes transes
de marais en travail
le fleuve de couleuvres que j'appelle mes veines
Le fleuve de créneaux que j'appelle mon sang
le fleuve de sagaies que les hommes appellent mon visage
le fleuve à pied autour du monde
frappera le roc artésien d'un cent d'étoiles à mousson.

Liberté mon seul pirate, eau de l'an neuf ma seule soif
amour mon seul sampang
nous coulerons nos doigts de rire et de gourde
entre les dents glacées de la Belle-au-bois-dormant.

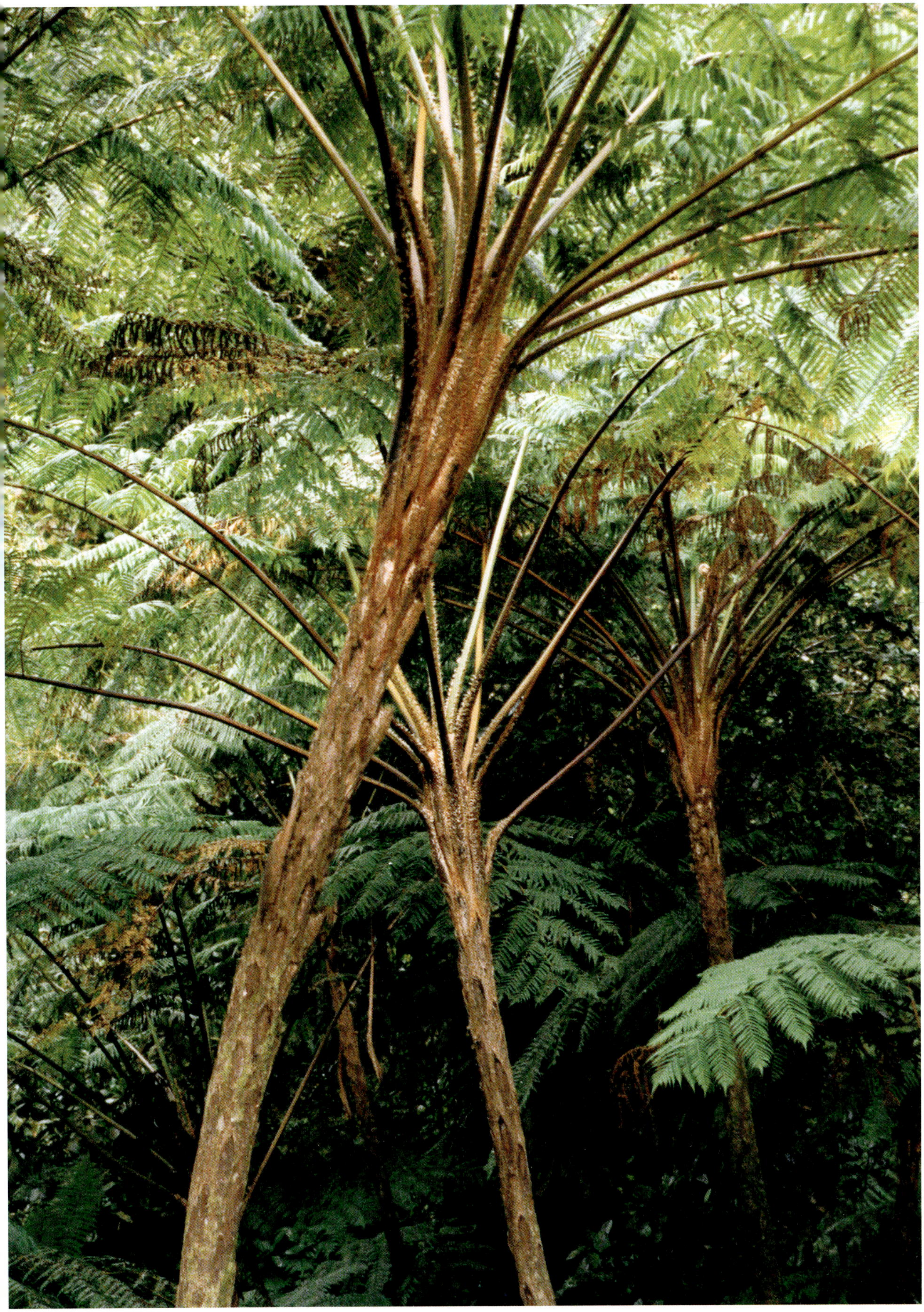

histoire de vivre

... Et les collines soulevèrent de leurs épaules grêles, de leurs épaules sans paille, de leurs épaules d'eau jaune, de terre noire, de nénuphar torrentiel, la poitrine trois fois horrible du ciel tenace.
C'était l'aube, l'aube ailée d'eau courante, la vraie, la racine de la lune.
Et midi arriva.
Je m'y accrochai de toutes mes forces à ce midi furieux.
Je m'y accrochai avec l'énergie du désespoir.
La potiche dans l'étreinte innombrable de la pieuvre, d'avoir senti perler à ses yeux la mélodie prénatale du baobab
de mon enfance, sursauta.
Et ce n'était que le commencement !
La potiche, la natte, la lampe, les pincettes, le mannequin. Je bousculais les frontières.
J'avalais les bornes indicatrices. Je mâchais la prohibition. Je suçais, goûtais, à même : plis, corridors, labyrinthes, mon souffle effaçait tout.
Je cueillis des algues sur la mer très froidement démontée du microdion.
J'embrassai turbines et diatomées – comme le soir les épaves jumelles dans la stupeur des anses.
La vie faisait ciel, ou naufrage, à votre guise.
Je me laissai couler à pic.
Ainsi vint le temps que, depuis, de mes grêles mains, je tâche de ressaisir, le temps de la grande fraternité,
de la grande négation
de la totale affirmation, le temps de la grande impatience...
Des avalanches de méduses crachées du plankton sommaire me gorgeaient à même le sable de ma défaite d'or du sang tiède des lianes de la forêt.
Je refis connaissance avec le connu, l'animal, l'eau, l'arbre, la montagne.
Je cultivai leurs noms dans le creux de ma main sous-marine.
Ô Sylve des déserts, solitaires pyramides des babils de femmes télescopaient une étoile camouflée des mots d'enfants chevauchaient des mondes dociles
Je me réveillai panthère avec de brusques colères
et la panique gagna de proche en proche.
La très stupide savane de Fort-de-France prit feu à la bougie enfin réveillée de ses palmiers.
Des acanthes monstrueuses y parurent, puis disparurent, le temps de sonner à toute volée les cloches brisées de la mer –
tocsin –
Au rond-point des Trois Flammes dans le sproum du désespoir, des eaux se poignardèrent.
L'eau n'était plus l'eau.
Le ciel n'était plus le ciel.
Le ciel n'était qu'un pavillon de trombone où soufflaient les trente mille chameaux du roi de Gana.

Aimé, Suzanne Césaire et quatre de leurs six enfants.

Et voici que cette terre
plus haut que les mangliers
plus haut que les pâmoisons créoles des lucioles bleues se mit à parler de manière solennelle.
Et le ciel s'écroula.
Le ciel cessa de nous regarder.
De ses gros yeux de nasse. De ses gros yeux pédonculés.
De ses gros yeux giclant des cacades et des chiques.
Ah! vous ne m'empêcherez pas de parler, moi qui fais profession de vous déplaire.
Le vent chavira très douces voilures à mes narines bruissantes vos belles correctes pourritures de flics bien descendus dans la touffeur des mornes.
Mais qui m'a amené ici? Quel crime?
Pèlerin... Pèlerin... Lyddite, Cheddite, pèlerin des dynamites
Je maudis l'impuissance qui m'immobilise dans le réseau arachnéen des lignes de ma main,
car dans les replis d'une cervelle béate se lovent amoureusement
trois dents d'ivoire et des yeux caressants.
Des éclairs. Des feux. Et ce doux rire de la lumière.

Ma vie, elle aussi :
Ce train qui s'élance avec la tranquille furie des rivières pierreuses par les journées étincelantes.
Fosse aux ours! Fosse aux ours! à l'heure sans faute de l'acide carbonique
Quoi! Toujours maudire!
Un midi ténébreux. La tige éblouissante du silence.
Les surfaces isolantes disparurent.
Fenêtres du marécage fleurissez
ah! fleurissez
Sur le coi de la nuit pour Suzanne Césaire de papillons sonores.
Amie
Nous gonflerons nos voiles océanes,
Vers l'élan perdu des pampas et des pierres
Et nous chanterons aux basses eaux inépuisablement la chanson de l'aurore.

(*Tropiques*, n°4, janvier 1942)

corps perdu

        Moi qui Krakatoa
moi qui tout mieux que mousson
moi qui poitrine ouverte
moi qui laïlape
moi qui bêle mieux que cloaque
moi qui hors de gamme
moi qui Zambèze ou frénétique ou rhombe ou cannibale
je voudrais être de plus en plus humble et plus bas
toujours plus grave sans vertige ni vestige
jusqu'à me perdre tomber
dans la vivante semoule d'une terre bien ouverte.
Dehors une belle brume au lieu d'atmosphère
serait point sale
chaque goutte d'eau y faisant un soleil
dont le nom le même pour toutes choses
serait RENCONTRE BIEN TOTALE
si bien que l'on ne saurait plus qui passe
ou d'une étoile ou d'un espoir
ou d'un pétale de l'arbre flamboyant
ou d'une retraite sous-marine
courue par les flambeaux des méduses-aurélies
Alors la vie j'imagine me baignerait tout entier
mieux je la sentirais qui me palpe ou me mord
couché je verrais venir à moi les odeurs enfin libres
comme des mains secourables
qui se feraient passage en moi
pour y balancer de longs cheveux
plus longs que ce passé que je ne peux atteindre.
Choses écartez-vous faites place entre vous
place à mon repos qui porte en vague
ma terrible crête de racines ancreuses
qui cherchent où se prendre
Choses je sonde je sonde
moi le porte-faix je suis porte racines
et je pèse et je force et j'arcane
j'omphale
Ah qui vers les harpons me ramène
je suis très faible
je siffle oui je siffle des choses très anciennes
de serpents de choses caverneuses
Je or vent paix-là
et contre mon museau instable et frais
pose contre ma face érodée
ta froide face de rire défait.
Le vent hélas je l'entendrai encore
nègre nègre nègre depuis le fond
du ciel immémorial
un peu moins fort qu'aujourd'hui
mais trop fort cependant

et ce fou hurlement de chiens et de chevaux
qu'il pousse à notre poursuite toujours
marronne
mais à mon tour dans l'air
je me lèverai un cri et si violent
que tout entier j'éclabousserai le ciel

et par mes branches déchiquetées
et par le jet insolent de mon fût blessé et
solennel

    je commanderai aux îles d'exister

faveur

je croise mon squelette
qu'une faveur de fourmis manians porte à sa demeure
(tronc de baobab ou contrefort de fromager)
il va sans dire que j'ai eu soin de ma parole
elle s'est blottie au cœur d'un nid de lianes
noyau ardent d'un hérisson végétal
c'est que je l'ai instruite depuis longtemps
à jouer avec le feu entre les feux
et à porter l'ultime goutte d'eau sauvée
à une quelconque des lointaines ramifications du soleil
soleil sommeil
quand j'entendrai les premières caravanes de la sève
passer
peinant vers les printemps
être dispos encore

vers un retard d'îles éteintes et d'assoupis volcans

Aimé Césaire en visite à « son » fromager, en compagnie d'Auguste Thésée.

introduction
à *Moi, laminaire...*

Le non-temps impose au temps la tyrannie de sa spatialité : dans toute vie il y a un nord et un sud, et l'orient et l'occident. Au plus extrême, ou, pour le moins, au carrefour, c'est un fil des saisons survolées, l'inégale lutte de la vie et de la mort, de la ferveur et de la lucidité, fût-ce celle du désespoir et de la retombée, la force aussi toujours de regarder demain. Ainsi va toute vie. Ainsi va ce livre, entre soleil et ombre, entre montagne et mangrove, entre chien et loup, claudiquant et binaire.
Le temps aussi de régler leur compte à quelques fantasmes et à quelques fantômes.

Lumière de la forêt (La Grande Jungle), Wifredo Lam, 1942.

POÉTIQUE

En vain dans la tiédeur de votre gorge mûrissez-vous vingt fois la même pauvre consolation, que nous sommes des marmonneurs de mots.
[...]
Des mots ! quand nous manions des quartiers de monde, quand nous épousons des continents en délire, quand nous forçons de fumantes portes, des mots ! ah oui, des mots, mais des mots de sang frais, des mots qui sont des raz-de-marée et des érésipèles et des paludismes, et des laves, et des feux de brousse, et des flambées de chair, et des flambées de villes...

Sachez-le bien :

je ne joue jamais si ce n'est à l'an mil

je ne joue jamais si ce n'est à la Grande Peur

Accommodez-vous de moi. Je ne m'accommode pas de vous.

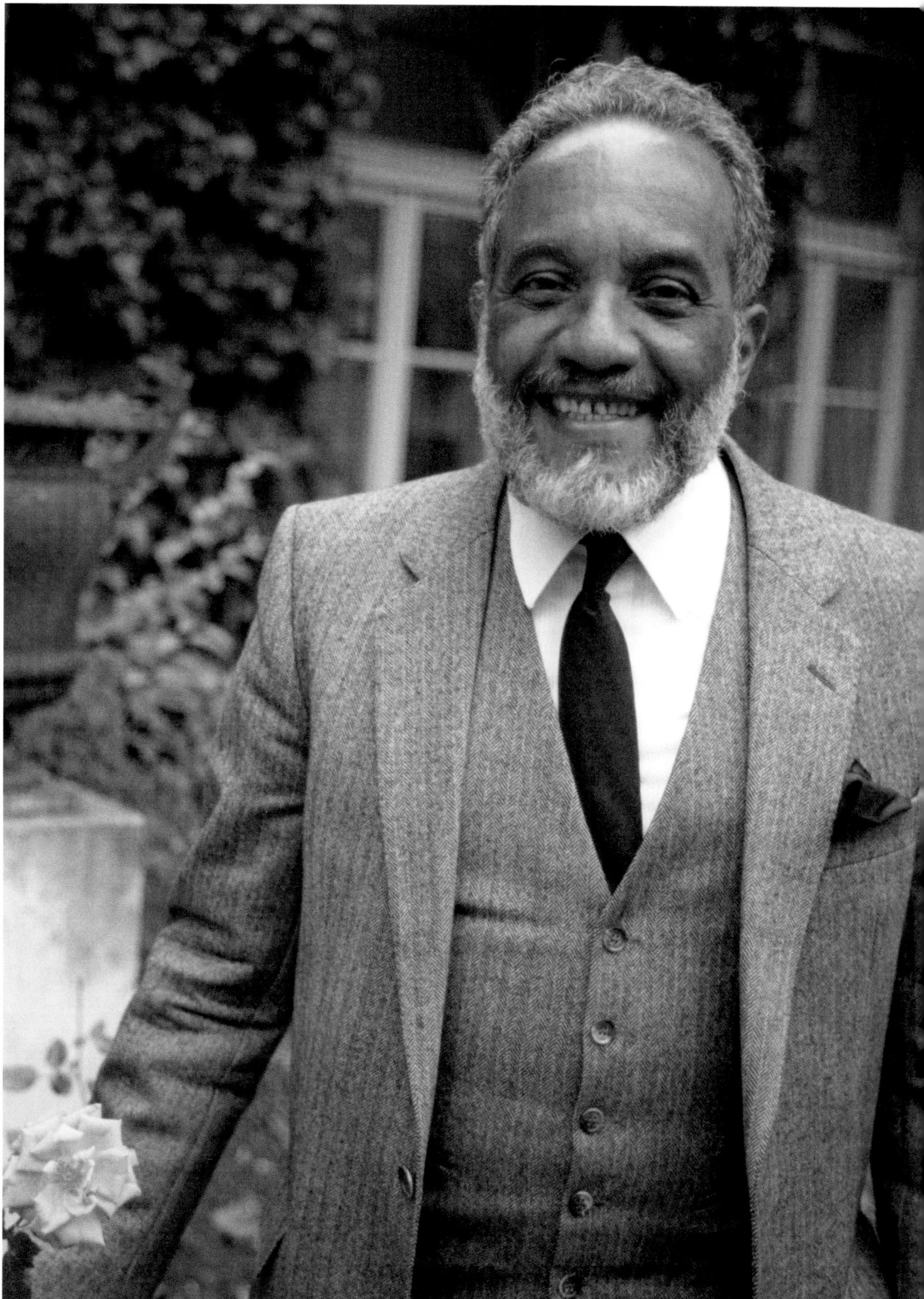

le verbe marronner

à René Depestre, poète haïtien

C'est une nuit de Seine
et moi je me souviens comme ivre
du chant dément de Boukmann accouchant ton pays
aux forceps de l'orage

Depestre

    Vaillant cavalier du tam-tam
    est-il vrai que tu doutes de la forêt natale
    de nos voix rauques de nos cœurs qui nous remontent
    amers
    de nos yeux de rhum rouges de nos nuits incendiées
    se peut-il
    que les pluies de l'exil
    aient détendu la peau de tambour de ta voix

marronnerons-nous Depestre marronnerons-nous ?
Depestre j'accuse les mauvaises manières de notre sang
est-ce notre faute
si la bourrasque se lève
et nous désapprend tout soudain de compter sur nos doigts
de faire trois tours de saluer

Ou bien encore cela revient au même
le sang est une chose qui va vient et revient
et le nôtre je suppose nous revient après s'être attardé
à quelque macumba. Qu'y faire ? En vérité
le sang est un vaudoun puissant

René Depestre.

C'est vrai ils arrondissent cette saison des sonnets
pour nous à le faire cela me rappellerait par trop
le jus sucré que bavent là-bas les distilleries des mornes
quand les lents bœufs maigres font leur rond au zonzon
des moustiques

Ouiche ! Depestre le poème n'est pas un moulin à
passer de la canne à sucre ça non
et si les rimes sont mouches sur les mares
                              sans rimes
        toute une saison
loin des mares
                              moi te faisant raison
rions buvons et marronnons

Gentil cœur

    avec au cou le collier de commandement de la lune
    avec autour du bras le rouleau bien lové du lasso du soleil
    la poitrine tatouée comme par une des blessures de la nuit
    aussi je me souviens
au fait est-ce que Dessalines mignonnait à Vertières

Camarade Depestre
C'est un problème assurément très grave
des rapports de la poésie et de la Révolution
le fond conditionne la forme
et si l'on s'avisait aussi du détour dialectique
par quoi la forme prenant sa revanche
comme un figuier maudit étouffe le poème

mais non
   je ne me charge pas du rapport
j'aime mieux regarder le printemps. Justement
              c'est la révolution
                        et les formes qui s'attardent
à nos oreilles bourdonnant
ce sont mangeant le neuf qui lève
mangeant les pousses
   de gras hannetons hannetonnant le printemps
                              Depestre
de la Seine je t'envoie au Brésil mon salut
à toi à Bahia à tous les saints à tous les diables
Cabritos cantagallo Botafogo
bate
batuque
à ceux des favelas
                Depestre
                          bombaïa bombala
crois-m'en comme jadis bats-nous le bon tam-tam
éclaboussant leur nuit rance
d'un rut sommaire d'astres moudangs.

viscères du poème

Angoisse tu ne descendras pas tes écluses dans le bief de
ma gorge

Peur dans l'écheveau fou je n'aurai que faire de chercher
en tremblant
le fil rouge de mon sang de ma raison de mon droit
le dur secret de mon corps de l'orgueil de mon cœur
une étoile de toujours se lève grand'erre et sans laisser
de lie
s'éteint pour mieux renaître au plus pur
si tranchant sur les bords qu'Eclipse tu as beau faire
infâme
moi le bras happé par les pierres fondrières de la nuit
je refuse ton pacte sa fureur de patience
et le tumulte debout dans l'ombre des oreilles
aura vu pour une fois sur la blancheur du mur
gicler la noirceur de viscères de ce cri sans oubli

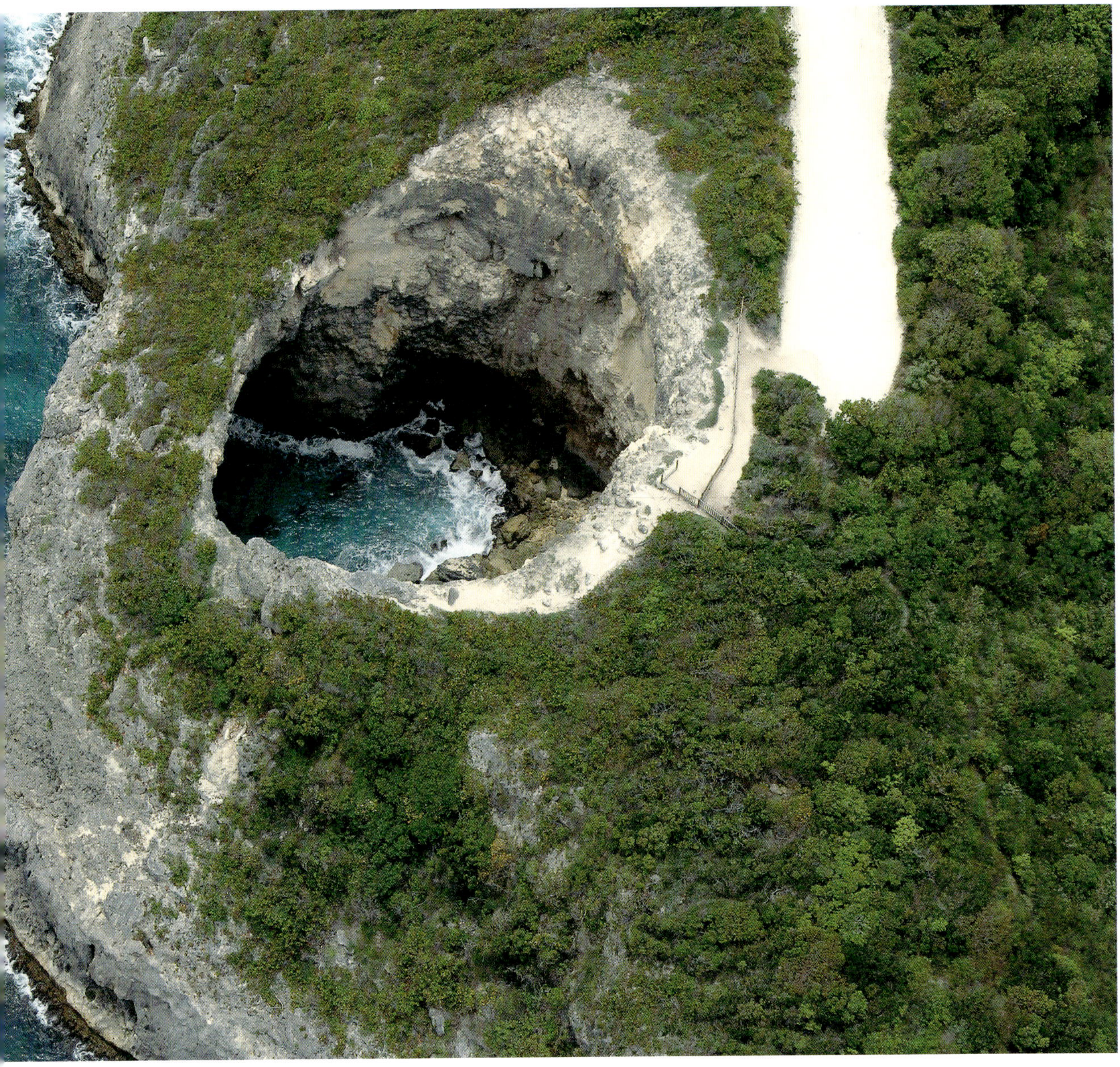

mot-macumba

le mot est père des saints
le mot est mère des saints
avec le mot *couresse* on peut traverser un fleuve
peuplé de caïmans
il m'arrive de dessiner un mot sur le sol
avec un mot frais on peut traverser le désert
d'une journée
il y a des mots bâton-de-nage pour écarter les squales
il y a des mots iguanes
il y a des mots subtils ce sont des mots phasmes
il y a des mots d'ombre avec des réveils en colère
d'étincelles
il y a des mots Shango
il m'arrive de nager de ruse sur le dos d'un mot dauphin

Mot-Macumba

le mot est père des saints
le mot est mère des saints
avec le mot couresse on peut traverser un fleuve peuplé de caïmans
il m'arrive de dessiner un mot sur le sol
avec un mot frais on peut traverser le désert d'une journée
il y a des mots bâton-de-nage pour écarter les squales
il y a des mots iguanes
il y a des mots subtils ce sont des mots phasmes
il y a des mots d'ombre avec des réveils en colère d'étincelles
il y a des mots Shango
il m'arrive de nager de ruse sur le dos d'un mot dauphin

chemin

reprenons
    l'utile chemin patient
      plus bas que les racines le chemin de la graine
le miracle sommaire bat des cartes
mais il n'y a pas de miracle
seule la force des graines
selon leur entêtement à mûrir

parler c'est accompagner la graine
jusqu'au noir secret des nombres

insolites bâtisseurs

tant pis si la forêt se fane en épis de pereskia
tant pis si l'avancée est celle des fourmis tambocha
tant pis si le drapeau ne se hisse qu'à des hampes
desséchées
tant pis
    tant pis
si l'eau s'épaissit en latex vénéneux
préserve la parole
rends fragile l'apparence
capte aux décors le secret des racines
la résistance ressuscite
autour de quelques fantômes plus vrais que leur allure
                      insolites bâtisseurs

passage

C'est l'obligé passage que d'ici je décline
une fin de gîte
une rumination de jusants
l'inventaire aussi de la longueur des
sécheresses
aux tétons flasques des pitons.

assez s'atteste à la configuration même
du miracle
le versant irrécusable de la vomissure

cirques et criques
aboutie synthèse des couloirs et des seuils
je sais qu'il m'appartient
pour l'impatience d'un printemps de grandes
erres fourvoyé de garder
l'intact
de garder le vivant
    magma du mot plus fort de ses silences

vertu des lucioles

Ne pas désespérer des lucioles
je reconnais là la vertu.
les attendre les poursuivre
les guetter encore.
le rêve n'est pas de les fixer flambeaux
ni qu'elles se répondent en des lumières non froides
je suis d'ailleurs sûr que la reconversion se fait
quelque part pour tous ceux
qui n'ont jamais accepté cette stupeur de l'air

la communication par hoquets d'essentiel
j'apprécie qu'elle se fasse à tâtons
et par paroxysme
au lieu de quoi elle sombrerait inévitablement
dans l'inepte bavardage de l'ambiant marécage

le chant d'Ariel
(*Une tempête*)

Ariel : M'ennuyer ! Je crains que les journées
ne me paraissent courtes !
Là où les cécropies gantent d'argent l'impatience
de leurs mains
Là où les fougères délivrent d'un cri vert
le noir tronçon têtu de leur corps scarifié
Là où la baie enivrante mûrit l'escale
pour le ramier sauvage
par la gorge de l'oiseau musicien
je laisserai tomber
une à une
chacune plus délectable
quatre notes si douces que la dernière
fera lever une brûlure
dans le cœur des esclaves les plus oublieux
Nostalgie de liberté !
[…]
Ou bien dans la savane pierreuse
je serai, perché sur la hampe de l'agave,
la grive qui lance au trop patient paysan
son cri moqueur :
« Pioche nègre ! Pioche nègre ! »
et l'agave allégée
se redressera de mon vol
en solennel drapeau

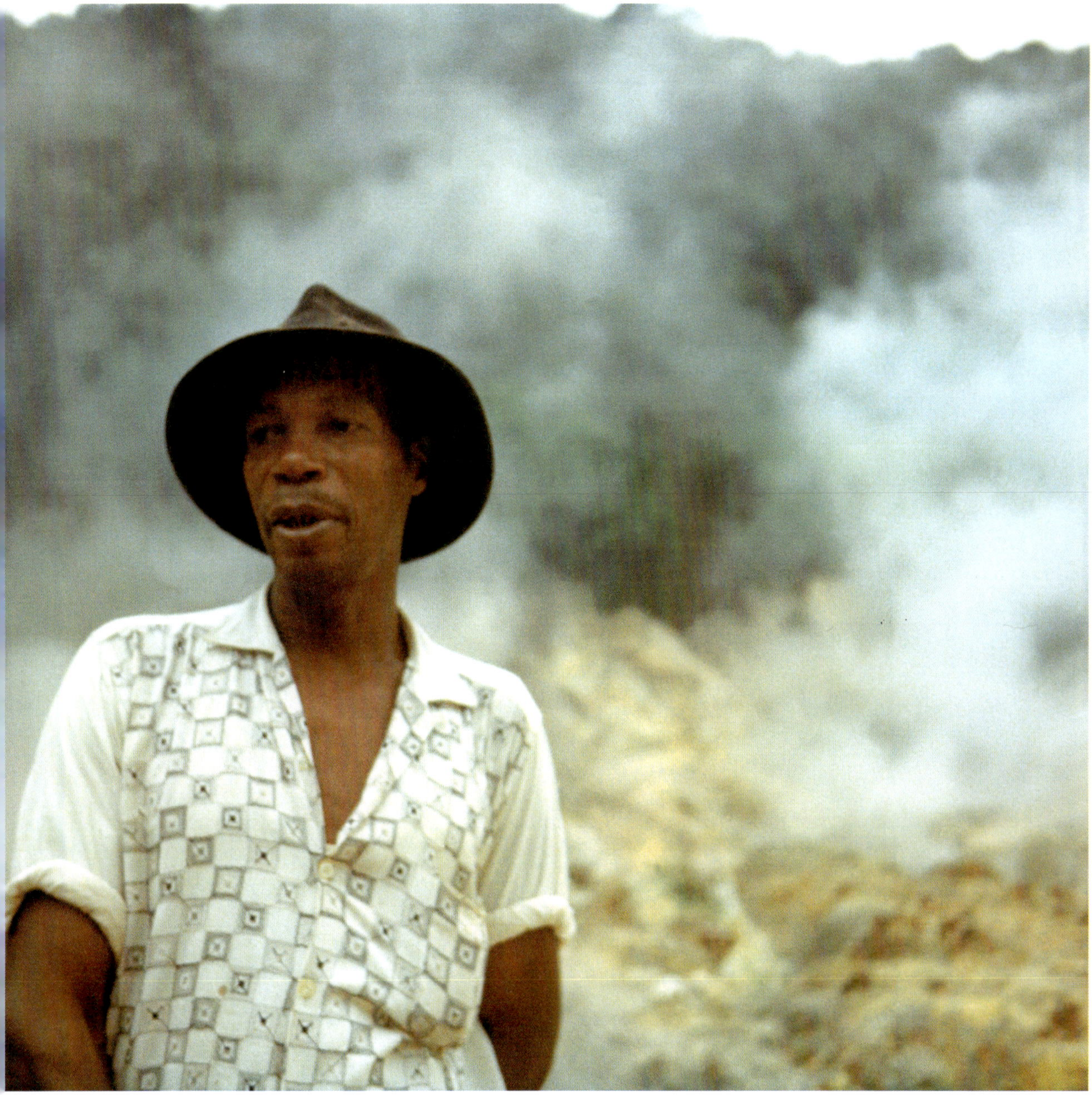

Le Chant des osmoses, Wifredo Lam, 1942.

HISTOIRE

Et nous sommes debout maintenant, mon pays et moi, les cheveux dans le vent, ma main petite maintenant dans son poing énorme et la force n'est pas en nous, mais au-dessus de nous, dans une voix qui vrille la nuit et l'audience comme la pénétrance d'une guêpe apocalyptique. Et la voix prononce que l'Europe nous a pendant des siècles gavés de mensonges et gonflés de pestilences,
car il n'est point vrai que l'œuvre de l'homme est finie
que nous n'avons rien à faire au monde
que nous parasitons le monde
qu'il suffit que nous nous mettions au pas du monde mais l'œuvre de l'homme vient seulement de commencer
et il reste à l'homme à conquérir toute interdiction immobilisée aux coins de sa ferveur
et aucune race ne possède le monopole de la beauté, de l'intelligence, de la force
et il est place pour tous au rendez-vous de la conquête et nous savons maintenant que le soleil tourne autour de notre terre éclairant la parcelle qu'a fixée notre volonté seule et que toute étoile chute de ciel en terre à notre commandement sans limite.

cahier d'un retour...

Au bout du petit matin bourgeonnant d'anses frêles les Antilles qui ont faim, les Antilles grêlées de petite vérole, les Antilles dynamitées d'alcool, échouées dans la boue de cette baie, dans la poussière de cette ville sinistrement échouées.

Au bout du petit matin, l'extrême, trompeuse désolée eschare sur la blessure des eaux ; les martyrs qui ne témoignent pas ; les fleurs du sang qui se fanent et s'éparpillent dans le vent inutile comme des cris de perroquets babillards ; une vieille vie menteusement souriante, ses lèvres ouvertes d'angoisses désaffectées ; une vieille misère pourrissant sous le soleil, silencieusement ; un vieux silence crevant de pustules tièdes,
l'affreuse inanité de notre raison d'être.

Au bout du petit matin, sur cette plus fragile épaisseur de terre que dépasse de façon humiliante son grandiose avenir — les volcans éclateront, l'eau nue emportera les taches mûres du soleil et il ne restera plus qu'un bouillonnement tiède picoré d'oiseaux marins — la plage des songes et l'insensé réveil.

Au bout du petit matin, cette ville plate — étalée, trébuchée de son bon sens, inerte, essoufflée sous son fardeau géométrique de croix éternellement recommençante, indocile à son sort, muette, contrariée de toutes façons, incapable de croître selon le suc de cette terre, embarrassée, rognée, réduite, en rupture de faune et de flore.

Au bout du petit matin, cette ville plate — étalée...

Et dans cette ville inerte, cette foule criarde si étonnamment passée à côté de son cri comme cette ville à côté de son mouvement, de son sens, sans inquiétude, à côté de son vrai cri, le seul qu'on eût voulu l'entendre crier parce qu'on le sent sien lui seul ; parce qu'on le sent habiter en elle dans quelque refuge profond d'ombre et d'orgueil, dans cette ville inerte, cette foule à côté de son cri de faim, de misère, de révolte, de haine, cette foule si étrangement bavarde et muette.

Dans cette ville inerte, cette étrange foule qui ne s'entasse pas, ne se mêle pas : habile à découvrir le point de désencastration, de fuite, d'esquive. Cette foule qui ne sait pas faire foule, cette foule, on s'en rend compte, si parfaitement seule sous ce soleil, à la façon dont une femme, toute on eût cru à sa cadence lyrique, interpelle brusquement une pluie hypothétique et lui intime l'ordre de ne pas tomber ; ou à un signe rapide de croix sans mobile visible ; ou à l'animalité subitement grave d'une paysanne, urinant debout, les jambes écartées, roides.

Dans cette ville inerte, cette foule désolée sous le soleil, ne participant à rien de ce qui s'exprime, s'affirme, se libère au grand jour de cette terre sienne. Ni à l'impératrice Joséphine des Français rêvant très haut au-dessus de la négraille. Ni au libérateur figé dans sa libération de pierre blanchie. Ni au conquistador. Ni à ce mépris, ni à cette liberté, ni à cette audace.

Au bout du petit matin, cette ville inerte et ses au-delà de lèpres, de consomption, de famines, de peurs tapies dans les ravins, de peurs juchées dans les arbres, de peurs creusées dans le sol, de peurs en dérive dans le ciel, de peurs amoncelées et ses fumerolles d'angoisse.

perdition

nous frapperons l'air neuf de nos têtes
cuirassées
nous frapperons le soleil de nos paumes
grandes ouvertes
nous frapperons le sol du pied nu de nos voix
les fleurs mâles dormiront aux criques des
miroirs
et l'armure même des trilobites
s'abaissera dans le demi-jour de toujours
sur des gorges tendres gonflées de mines
de lait

et ne franchirons-nous pas le porche
le porche des perditions ?
un vigoureux chemin aux veineuses jaunissures
tiède
où bondissent les buffles des colères
insoumises
court avalant la bride des tornades mûres
aux balisiers sonnants des riches
crépuscules

prophétie

là où l'aventure garde les yeux clairs
là où les femmes rayonnent de langage
là où la mort est belle dans la main comme un oiseau saison de lait
là où le souterrain cueille de sa propre génuflexion un luxe de prunelles plus violent
que des chenilles
là où la merveille agile fait flèche et feu de tout bois

là où la nuit vigoureuse saigne une vitesse de purs végétaux

là où les abeilles des étoiles piquent le ciel d'une ruche plus ardente que la nuit
là où le bruit de mes talons remplit l'espace et lève à rebours la face du temps
là où l'arc-en-ciel de ma parole est chargé d'unir demain à l'espoir et l'infant à la reine,

d'avoir injurié mes maîtres mordu les soldats du sultan
d'avoir gémi dans le désert
d'avoir crié vers mes gardiens
d'avoir supplié les chacals et les hyènes pasteurs de caravanes

je regarde
la fumée se précipite en cheval sauvage sur le devant de la
    scène ourle un instant la lave de sa fragile queue de
    paon puis se déchirant la chemise s'ouvre d'un coup la
    poitrine et je la regarde en îles britanniques en îlots en
    rochers déchiquetés se fondre peu à peu dans la mer
    lucide de l'air
où baignent prophétiques
ma gueule
        ma révolte
                mon nom.

Le poète à Grand-Rivière.

an neuf

      Les hommes ont taillé dans leurs tourments une fleur
      qu'ils ont juchée sur les hauts plateaux de leur face
      la faim leur fait un dais
      une image se dissout dans leur dernière larme
      ils ont bu jusqu'à l'horreur féroce
      les monstres rythmés par les écumes
En ce temps-là
il y eut une
inoubliable
métamorphose
      les chevaux ruaient un peu de rêve sur leurs sabots
      de gros nuages d'incendie s'arrondirent en champignon
      sur toutes les places publiques
      ce fut une peste merveilleuse
      sur le trottoir les moindres réverbères tournaient
      leur tête de phare
      quant à l'avenir anophèle vapeur brûlante il sifflait
      dans les jardins
En ce temps-là
le mot ondée
et le mot sol meuble
le mot aube
et le mot copeaux
conspirèrent pour la première fois

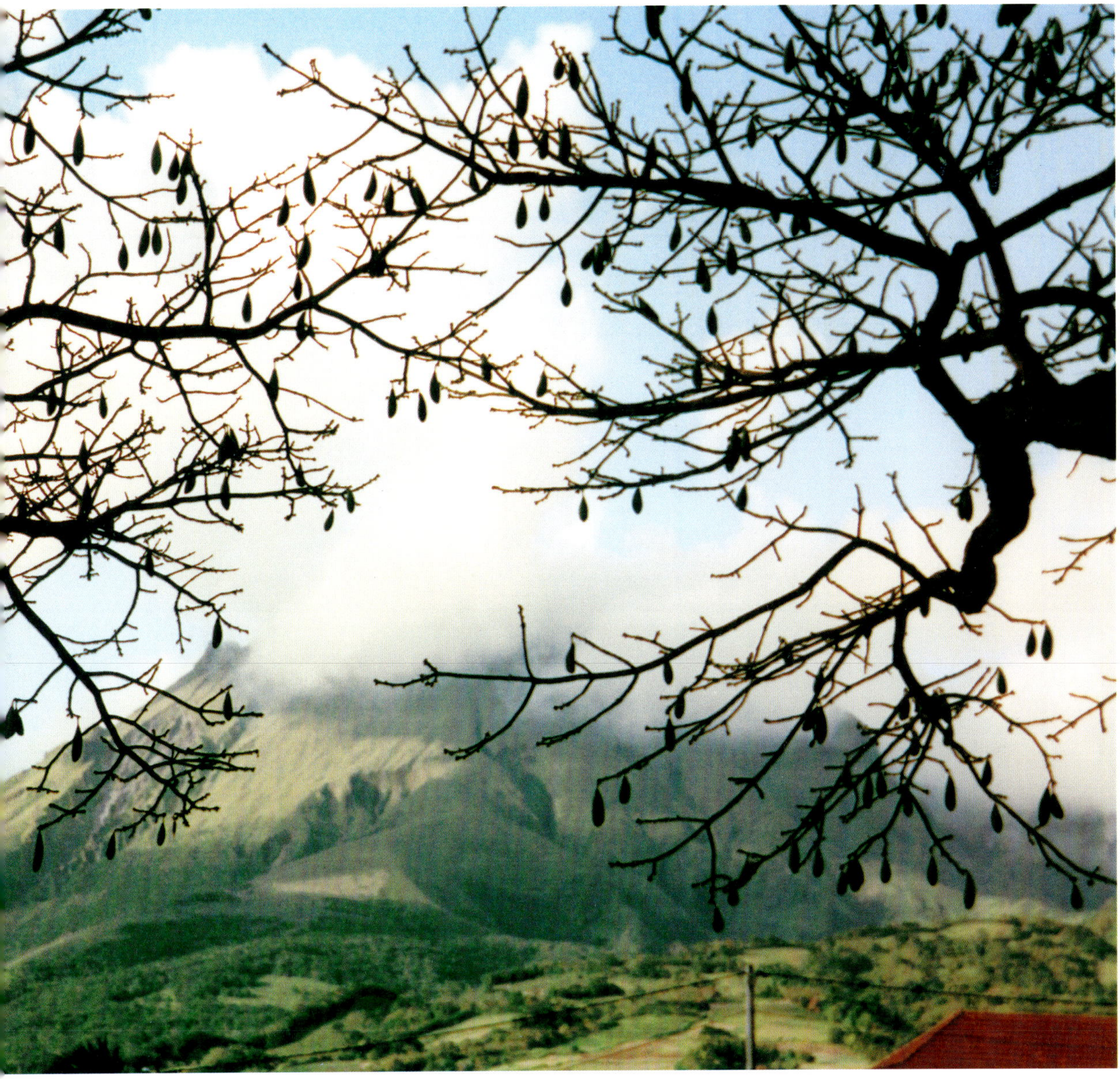

barbare

C'est le mot qui me soutient
et frappe sur ma carcasse de cuivre jaune
où la lune dévore dans la soupente de la rouille
les os barbares
des lâches bêtes rôdeuses du mensonge

Barbare
du langage sommaire
et nos faces belles comme le vrai pouvoir opératoire
de la négation

Barbare
des morts qui circulent dans les veines de la terre
et viennent se briser parfois la tête contre les murs
de nos oreilles
et les cris de révolte jamais entendus
qui tournent à mesure et à timbres de musique

Barbare
l'article unique
barbare le tapaya
barbare l'amphisbène blanche
barbare moi le serpent cracheur
qui de mes putréfiantes chairs me réveille
soudain gekko volant
soudain gekko frangé
et me colle si bien aux lieux mêmes de la force
qu'il vous faudra pour m'oublier
jeter aux chiens la chair velue de vos poitrines

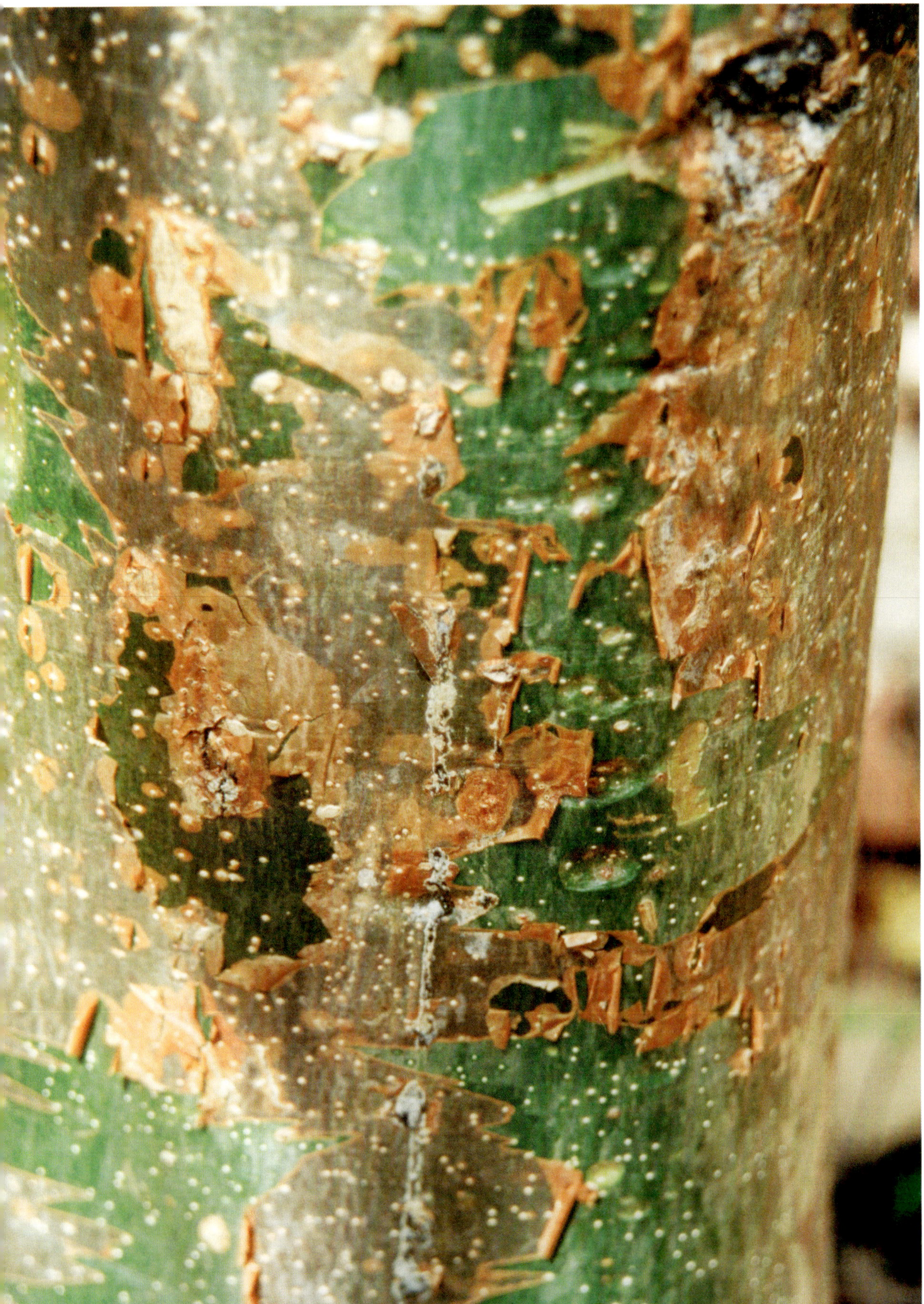

mot

           Parmi moi
de moi-même
à moi-même
hors toute constellation
en mes mains serré seulement
le rare hoquet d'un ultime spasme délirant
vibre mot
           j'aurai chance hors du labyrinthe
plus long plus large vibre
en ondes de plus en plus serrées
en lasso où me prendre
en corde où me pendre
et que me clouent toutes les flèches
et leur curare le plus amer
au beau poteau-mitan des très fraîches étoiles

vibre
vibre essence même de l'ombre
en aile en gosier c'est à force de périr
le mot nègre
sorti tout armé du hurlement
d'une fleur vénéneuse
le mot nègre
tout pouacre de parasites
le mot nègre
tout plein de brigands qui rôdent
des mères qui crient
d'enfants qui pleurent
le mot nègre
un grésillement de chairs qui brûlent
âcre et de corne

le mot nègre

comme le soleil qui saigne de la griffe

sur le trottoir des nuages

le mot nègre

comme le dernier rire vêlé de l'innocence

entre les crocs du tigre

et comme le mot soleil est un claquement de balles

et comme le mot nuit un taffetas qu'on déchire

le mot nègre

        dru savez-vous

du tonnerre d'un été

    que s'arrogent

        des libertés incrédules

Mémorial de l'anse Caffard en Martinique.

pour Ina

et le matin de musc tiédissait dans la mangle une main
de soleil
et midi juchait haut un aigle insoutenable
la nuit tombait à pic
mais maintenait quand même entre deux eaux
un trouble de terre plein de musiques encore d'insectes
irréductibles

et de nouveau le jour incendiant vert-bleu au profond
veiné des corolles
une ivresse d'oiseau-gemme dans un saccage de sang
et les soirs revenaient brochant de chimériques
tulles et les saisons passaient sur les ocres et les bruns
penchés des madras des grand-mères songeuses
à la pluie

quand les carêmes pourchassaient par les mornes
l'étrange troupeau des rousseurs splendides

Ina et Marco, deux des six enfants Césaire.

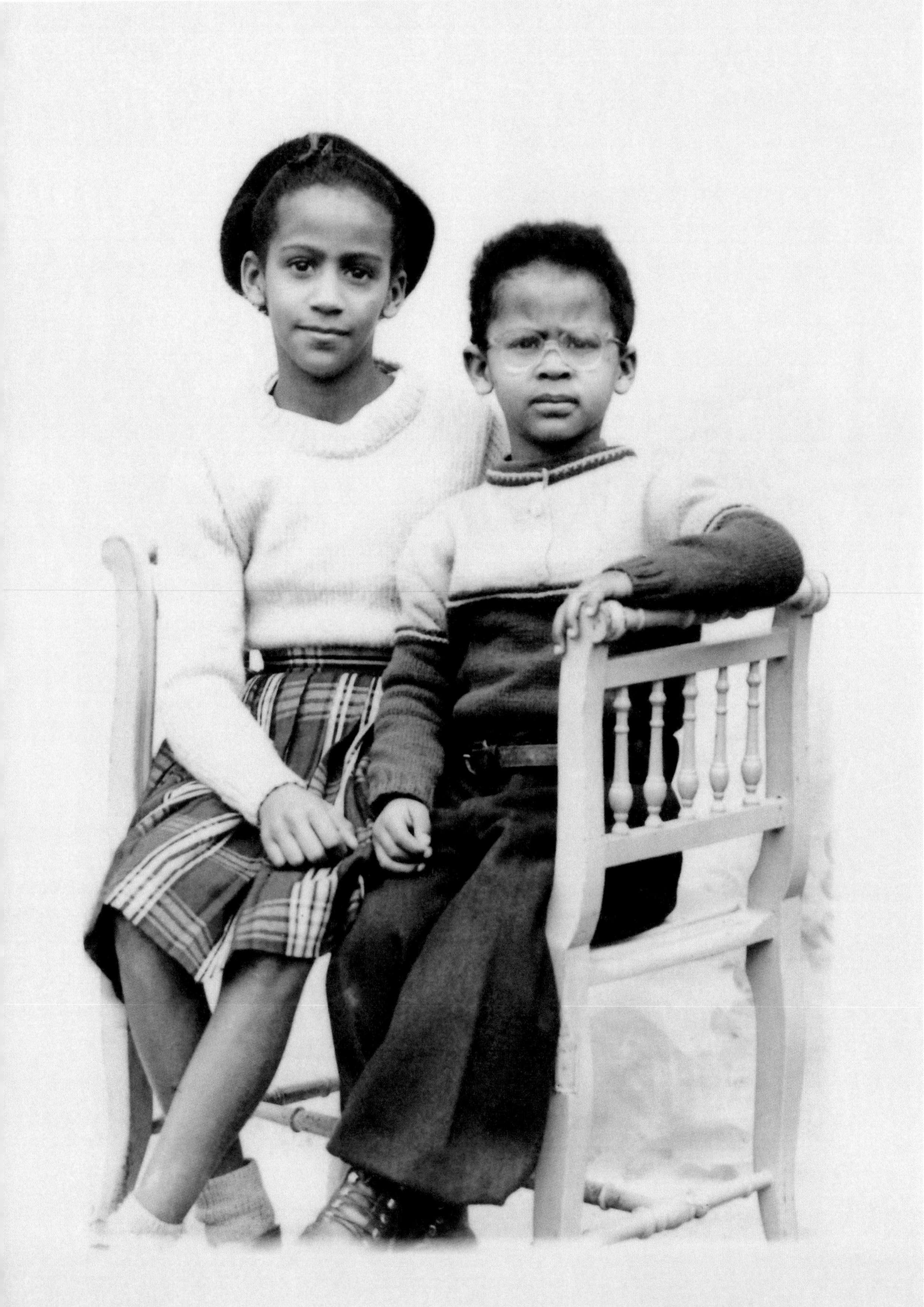

oiseaux

l'exil s'en va ainsi dans la mangeoire des astres

portant de malhabiles grains aux oiseaux nés du temps

qui jamais ne s'endorment jamais

aux espaces fertiles des enfances remuées

L'Oiseau, détail. Pierre Lohner, pierre noire, 2003.

grand sang sans merci

du fond d'un pays de silence
d'os calcinés de sarments brûlés d'orages de cris retenus
et gardés au museau
d'un pays de désirs irrités d'une inquiétude de branches
de naufrage à même (le sable très noir ayant été gavé de
silence étrange
à la recherche de pas de pieds nus et d'oiseaux marins)
du fond d'un pays de soif
où s'agripper est vain à un profil absurde de mât totem et
de tambours
d'un pays sourd sauvagement obturé à tous les bouts
d'un pays de cavale rouge qui galope le long désespéré
des lès de la mer et du lasso des courants les plus perfides

Défaite Défaite désert grand
où plus sévère que le Kamsin d'Égypte
siffle le vent d'Asshume

de quelle taiseuse douleur choisir d'être le tambour
                et de qui chevauché
                de quel talon vainqueur
                vers les bayous étranges
gémir se tordre
crier jusqu'à une nuit hagarde à faire tomber
la vigilance armée
qu'installa en pleine nuit de nous-mêmes
l'impureté insidieuse du vent

va-t'en chien des nuits

la mer s'est retirée intacte du sang des grands poulpes
échoués aux sables
dans le paysage qui se défait toujours à reprendre
je cherche un souvenir de marée une fleur d'eau une rumeur
de fureur mais trop de pistes brouillent leurs caravanes
trop de mauvais soleils empalent aux arbres leur rancœur
trop de menteurs portulans s'enlisent
aux lignes de faîte toujours divergentes
des hautes fourmis polisseuses de squelettes
    de ce fougueux silence de la bouche de ce sable
surgira-t-il rien sinon les pointes cariées de la futaie séchée

rage d'un insolite solstice allumé fauve à la limite barbare
si défaillante de la mer
va-t'en chien des nuits va-t'en
inattendu et majeur à mes tempes
       tu tiens entre tes crocs saignante

une chair qu'il m'est par trop facile de reconnaître

beau sang giclé

tête trophée membres lacérés

dard assassin beau sang giclé

ramages perdus rivages ravis

enfances enfances conte trop remué
l'aube sur sa chaîne mord féroce à naître

      ô assassin attardé

l'oiseau aux plumes jadis plus belles que le passé

exige le compte de ses plumes dispersées

mémorial de Louis Delgrès

Delgrès Louis.

Le dernier défenseur de la liberté des Noirs à la Guadeloupe, né à Saint-Pierre (Martinique) en 1772, tué à la prise du Matouba (Guadeloupe) le 28 mai 1802.

Sans illusion sur l'issue certaine d'une lutte qu'il avait acceptée, non provoquée, il sut se distinguer par un courage chevaleresque. On le voyait s'asseoir dans une embrasure de canon un violon à la main, y braver les boulets du général Richepanse, le commandant de l'odieuse expédition, et nouveau Tyrtée, jouer de son instrument pour animer ses soldats.

Larousse, XIXe siècle (1870)

La Guadeloupe saccagée et détruite, ses ruines encore fumantes du sang de ses enfants, des femmes et des vieillards passés au fil de l'épée, Pélage lui-même victime de leur astuce après avoir lâchement trahi son pays et ses frères ; le brave et immortel Delgrès emporté dans les airs avec les débris de son fort plutôt que d'accepter les fers. Guerrier magnanime !

Jean-Jacques Dessalines
Proclamation aux Haïtiens, 28 avril 1804

un brouillard monta
le même qui depuis toujours m'obsède
tissu de bruits de ferrements de chaînes sans clefs
d'éraflures de griffes
d'un clapotis de crachats

un brouillard se durcit et un poing surgit
qui cassa le brouillard
le poing qui toujours m'obsède

et ce fut sur une mer d'orgueil
un soleil non pareil
avançant ses crêtes majestueuses

comme un jade troupeau de taureaux
vers les plages prairies obéissantes
et ce furent des montagnes libérées
pointant vers le ciel leur artillerie fougueuse
et ce furent des vallées au fond desquelles
l'Espérance agita les panaches fragiles des cannes à sucre
de janvier

Louis Delgrès je te nomme

et soulevant hors silence le socle de ce nom
je heurte la précise épaisseur de la nuit
d'un rucher extasié de lucioles...

Delgrès il n'est point de printemps
comme la chlorophylle guettée d'une rumeur émergeante
de morsures
de ce prairial têtu
trois jours tu vis contre les môles de ta saison
l'incendie effarer ses molosses
trois jours il vit Delgrès de sa main épeleuse de graines ou
de racines
maintenir dans l'exacte commissure de leur rage impuissante
Gobert et Pélage les chiens colonialistes

Alentour le vent se gifle de chardons
d'en haut le ciel est bruine de sang ingénu
Fort Saint-Charles je chante par-dessus la visqueuse
étreinte
le souple bond d'Ignace égrenant essoufflée
par cannaies et clérodendres la meute colonialiste

et je chante Delgrès qui aux remparts s'entête
trois jours Arpentant la bleue hauteur du rêve
projeté hors du sommeil du peuple
trois jours Soutenant soutenant de la grêle contexture
de ses bras
notre ciel de pollen écrasé...

Et qu'est-ce qu'est-ce donc qu'on entend

le troupeau d'algues bleues cherche au labyrinthe des îles
voussure ombreuse de l'écoute
la seule qui fût flaireuse d'une nouvelle naissance
Haïti aisance du mystère
l'étroit sentier de houle dans la brouillure des fables...

                    Mais quand à Bainbridge Ignace fut
                    tué que l'oiseau charognard du hurrah
                    colonialiste
                    eut plané son triomphe sur le frisson
                    des îles

alors l'Histoire hissa sur son plus haut bûcher
la goutte de sang que je dis
où vint se refléter comme en profond parage
l'insolite brisure du destin...

Morne Matouba
Lieu abrupt. Nom abrupt et de ténèbres En bas
au passage Constantin là où les deux rivières
écorcent leurs hoquets de couleuvres
Richepanse est là qui guette
(Richepanse l'ours colonialiste aux violettes gencives
friand du miel solaire butiné aux campêches)

      et ce fut aux confins l'exode du dialogue

Tout trembla sauf Delgrès...

    Ô Mort, vers soi-même le bond considérable
tout sauta sur le noir Matouba

l'épais filet de l'air vers les sommets hala
d'abord les grands chevaux du bruit cabrés contre le ciel
puis mollement le grand poulpe avachi de fumée
dérisoire cracheur dans la nuit qu'il injecte
de l'insolent parfum d'une touffe de citronnelle
et un vent sur les îles s'abattit
que cribla la suspecte violence des criquets...

Delgrès point n'ont devant toi chanté
les triomphales
flûtes ni rechigné ton ombre les citernes
séchées ni l'insecte vorace n'a pâturé ton site
Ô Briseur Déconcerteur Violent
  Je chante la main qui dédaigna d'écumer
  de la longue cuillère des jours
  le bouillonnement de vesou de la grande cuve du
  temps
et je chante
  mais de toute la trompette du ciel plénier et sans
  merci
  rugi le tenace tison hâtif
  lointainement agi par la rigueur téméraire de
  l'aurore !

Je veux entendre un chant où l'arc-en-ciel se brise
où se pose le courlis aux plages oubliées
je veux la liane qui croît sur le palmier
(c'est sur le tronc du présent notre avenir têtu)

LA POINTE-À-PITRE AVANT LE TREM[

je veux le conquistador à l'armure descellée
se couchant dans une mort de fleurs parfumées
et l'écume encense une épée qui se rouille
dans le pur vol bleuté de lents cactus hagards

je veux au haut des vagues soudoyant le tonnerre de midi
la négrillonne tête désenlisant d'écumes
la souple multitude du corps impérissable

que dans la vérité pourrie de nos étés
monte et ravive une fripure de bagasses
un sang de lumière chue aux coulures des cannaies

La Soufrière de Guadeloupe.

et voici dans cette sève et ce sang dedans cette évidence
aux quatre coins des îles Delgrès qui nous méandre
ayant Icare dévolu creusé aux moelleux de la cendre
la plaie phosphorescente d'une insondable source
Or
constructeur du cœur dans la chair molle des mangliers
aujourd'hui Delgrès
      au creux de chemins qui se croisent
ramassant ce nom hors maremmes
      je te clame et à tout vent futur
toi buccinateur d'une lointaine vendange.

à la mémoire d'un syndicaliste noir

Qu'une tempête ne décline que le roc ne titube
pour celui poitrail qui fut sûr
dont le clairon de feu dans l'ombre et le hasard
rustique ne décrut

Ô peuple guetté du plus haut mirador
et défiant du bâton des aveugles
    le nom natal de l'injustice énorme

Je t'ai inscrit une fois
au centre du paysage sur un fond de cannaie
debout au milieu de la glèbe de nos yeux
agrandis et d'une sorte semblable
à la face d'or noire et haïtienne
d'un dieu

Vois dans la forêt sans sommeil
les amis ont poussé patients
tu plissais les paupières tu les plisses aujourd'hui
tu ne parlais guère tu ne parles guère moins maintenant
tu te contentais de sourire de même tu souris encore
très doux
d'un sourire né fort des confuses javelles de la terre et de
la mer parentes

de quels salaires viens-tu encore de discuter
sur ton sein noir et calme
viens-tu encore de réchauffer suprêmes
comme un nœud sacré de couleuvres engourdies
les colères d'hivernage et le coutelas des grèves

et dans quelle fraîcheur osas-tu retremper
ton sourire de rosée
comment dans la grande débâcle as-tu mis à l'abri
rusé
ta grande force secrète
ton dur front paysan
les eaux calmes prisonnières du mi-rire de tes yeux

    un doute est mien qui tremble
       d'entendre dans la jungle des fleurs
          un rêve se frayer
Maître marronneur des clartés
aurons-nous la force de hisser ce printemps
jusqu'au sein où attendent dormants les climats
féconds nos membres purs

nos ciels impatients
    alizés ou autans
      réveillez-vous nos races mortes
un instant charmeur d'astres
un vent mauvais souffle des bagasses pourries
ton peuple a faim a soif trébuche ton peuple
est un cabrouet qui s'arrache de la boue toujours
plein de jurons et cinglé au fil sourd de la nuit noire des
cannes
d'un sentiment de sabres

    toi le refus de la sombre défaite
      chef dur soutien des cases
        dieu des dégras arbre à pain des coursières

en fougère imputrescible je t'ai taillé
à révérer sylvestre
quand mai dore en chabin la grosse tête crépue
de ses manguiers les plus rares

le songe s'est levé tu marches toi l'ardeur d'un nom
sous la tenace science d'un pays de silence
tous te flairent aucun chien n'ose te barrer la route
tes murs se sont effondrés les chemins sont boueux
de grands cœurs se suicident rouges aux balisiers
tu marches pèlerin tu marches et tu souris
aux merles du dernier rayon qui picorent les tiques
sur le dos des zébus

Montreur
tout le ciel depuis longtemps s'est éteint
la mer au bas dans l'anse incline et ramène à des
oiseaux perdus
le balancement d'un toit et la lumière
la lumière tu la redistribues toute
aux écueils orphelins aux feuilles en la filtrant
aux pierres du volcan mal refroidies qui renaissent
précieuses
aux yeux des camarades vernissée vaguement
sanguinolente

Aimé CESAIRE
16 mars
1 JOUR
2 VOTES
1 leader
Aimé Césaire
liste
deputes
liste
conseillers
regionaux
6
candidats
41
candidats

hors des jours étrangers

mon peuple

quand
hors des jours étrangers
germeras-tu une tête bien tienne sur tes épaules renouées
et ta parole

le congé dépêché aux traîtres
aux maîtres
le pain restitué la terre lavée
la terre donnée

quand
quand donc cesseras-tu d'être le jouet sombre
au carnaval des autres
ou dans les champs d'autrui
l'épouvantail désuet

demain
à quand demain mon peuple
la déroute mercenaire
finie la fête

mais la rougeur de l'est au cœur de balisier

peuple de mauvais sommeil rompu
peuple d'abîmes remontés
peuple de cauchemars domptés
peuple nocturne amant des fureurs du tonnerre
demain plus haut plus doux plus large

et la houle torrentielle des terres
à la charrue salubre de l'orage

Camille Darsières, Aimé Césaire, Pierre Aliker,
trois dirigeants du Parti progressiste martiniquais.

Christophe et Metellus
(La Tragédie du roi Christophe)

Scène 5

Un coin du champ de bataille. Le soir tombe. Images de la guerre civile haïtienne.

Magny : Ne vous avais-je pas dit d'achever les blessés ?

L'officier : Celui-ci, général, est le chef des révoltés et il m'a semblé devoir consulter à son sujet.

Magny : C'est bon ! C'est vous Metellus, le chef des révoltés ?

Metellus : Moi-même.

Magny : Pourquoi ce soulèvement ? Quel grief nourrissez-vous contre Christophe ? Parlez !

Metellus : Mené au dur fouet d'un rêve
de pierre en pierre j'ai
buté, jusqu'à ton seuil, ô Mort, dévalant
et te citant.
Bedoret, Ravine à Couleuvres, la Crête-à-Pierrot
Plaisance
       lieux où il n'était pas plaisant d'être,
j'ai connu cela :
percé jusqu'aux os par les pluies,
par l'épine, par la fièvre, par la peur,
avoir faim
dormir les yeux ouverts dans la rosée du matin
dans le serein du noir, la fuite, l'angoisse
ayant, quand nous prîmes
au collet le sort, combattu avec
Toussaint !
C'était du beau sang à combat.

Partout dans les sentiers sauvages, sur la pente
des gorges
dans l'aboi des fusils
nous voyions la Fille Espérance
(les paumes de ses mains luisaient dans la nuit
de sa peau, comme la dorure au creux
des feuilles sombres du caïmitier)
nous la voyions
nous (notre plus séché par la rouge feuille-corail)
danser
      les seins nus inexorables
       et le sang sans brisure
(C'était elle la Folle qui hors-peur hélait
notre sang timide
l'empêchant d'être pris dans la pouture ou l'aise et la
pitance)
C'était un beau sang rauque
et le manioc amer, sans charpie, nous refermait
nos plaies !
Foutre !
      nous allions fonder un pays
          tous entre soi !
Pas seulement le cadastre de cette île !
Ouvert sur toutes les îles !
À tous les nègres ! Les nègres du monde entier !
Mais sont venus les procurateurs
divisant la maison
portant la main sur notre mère
aux yeux du monde la défigurant
trivial pantin piteux !
Christophe ! Pétion !

je renvoie dos à dos la double tyrannie
celle de la brute
celle du sceptique hautain
et on ne sait de quel côté plus est la malfaisance !
Grande promission
pour te saluer d'un salut d'homme
nous avons veillé aux crêtes des mornes,
dans le creux des ravins. Veillé
à même ce noir terreau, le rougissant
de notre sang agraire selon la régence
et la transe de l'impérieuse conque.
Maintenant ô Mort
je veux tomber comme un rêve
hors-parage ! Et je ne remercierai point du sursis !

Magny, *à l'officier* : Faites ! — Exaucez le vœu de ce malheureux. Qu'on lui donne le coup de grâce !

L'officier tire. Mort de Metellus. Autre coin du champ de bataille : Drapeaux, tambours, trompettes.

Christophe, *au milieu d'un groupe d'officiers* : Rude journée ! Beaucoup d'hommes sont tombés ! De grands pans de ce pays nôtre aussi, hélas ! Hélas ! pauvre visage trop charpi de nos ongles ! Drouillard, Garesché, Deschezelles, trop belles balafres, de la bonne glèbe, oui, des récoltes jamais vues, un chanteau de pain béni de notre terre d'Haïti et voyez maintenant, des margelles de puits parmi les ronces, des pans de mur calcinés dans l'épais des bananiers sauvages, des cactus perçant de leur tête de poisson armé la vague sèche des bayahondes !
Et puis l'odeur ! Sentez-vous ça !
Je ne suis pas un marin
mais j'imagine que de loin
ça doit être ça, Haïti, à la narine du découvreur :
cette odeur de sang séché qui vous râcle la gorge
cette fumée

ce moisi entêtant
cette odeur d'holocauste non agréé des Dieux !
À la bonne heure, nous touchons au dernier
quart d'heure
Demain, et puis ça y est !

Répétition de *La Tragédie du roi Christophe*,
mise en scène par Jean-Marie Ferreau, en présence d'Aimé Césaire.

discours de Lumumba
(une saison au Congo)

Lumumba :

    Nous sommes ceux que l'on déposséda, que l'on frappa, que l'on mutila : ceux que l'on tutoyait, ceux à qui l'on crachait au visage. Boys-cuisine, boys-chambres, boys, comme vous dites, lavadères, nous fûmes un peuple de boys, un peuple de oui-bwana, et qui doutait que l'homme pût n'être pas l'homme, n'avait qu'à nous regarder. Sire, toute souffrance qui se pouvait souffrir, nous l'avons soufferte. Toute humiliation qui se pouvait boire, nous l'avons bue !
Mais, camarades, le goût de vivre, ils n'ont pu nous l'affadir dans la bouche, et nous avons lutté avec nos pauvres moyens
lutté pendant cinquante ans
et voici : nous avons vaincu.
Notre pays est désormais entre les mains de ses enfants.
Nôtres, ce ciel, ce fleuve, ces terres.
nôtres, le lac et la forêt,
nôtres, Karissimbi, Nyiragongo, Niamuragira, Mikéno,
      Ehu, montagnes montées de la parole même du feu.
Congolais, aujourd'hui est un jour grand.
C'est le jour où le monde accueille parmi les nations
      Congo, notre mère,
et surtout Congo, notre enfant,
l'enfant de nos veilles, de nos souffrances, de nos combats.
Camarades et frères de combat, que chacune de nos
      blessures se transforme en mamelle !
Que chacune de nos pensées, chacune des nos espérances
      soit rameau à brasser à neuf l'air !

Arrestation de Patrice Lumumba

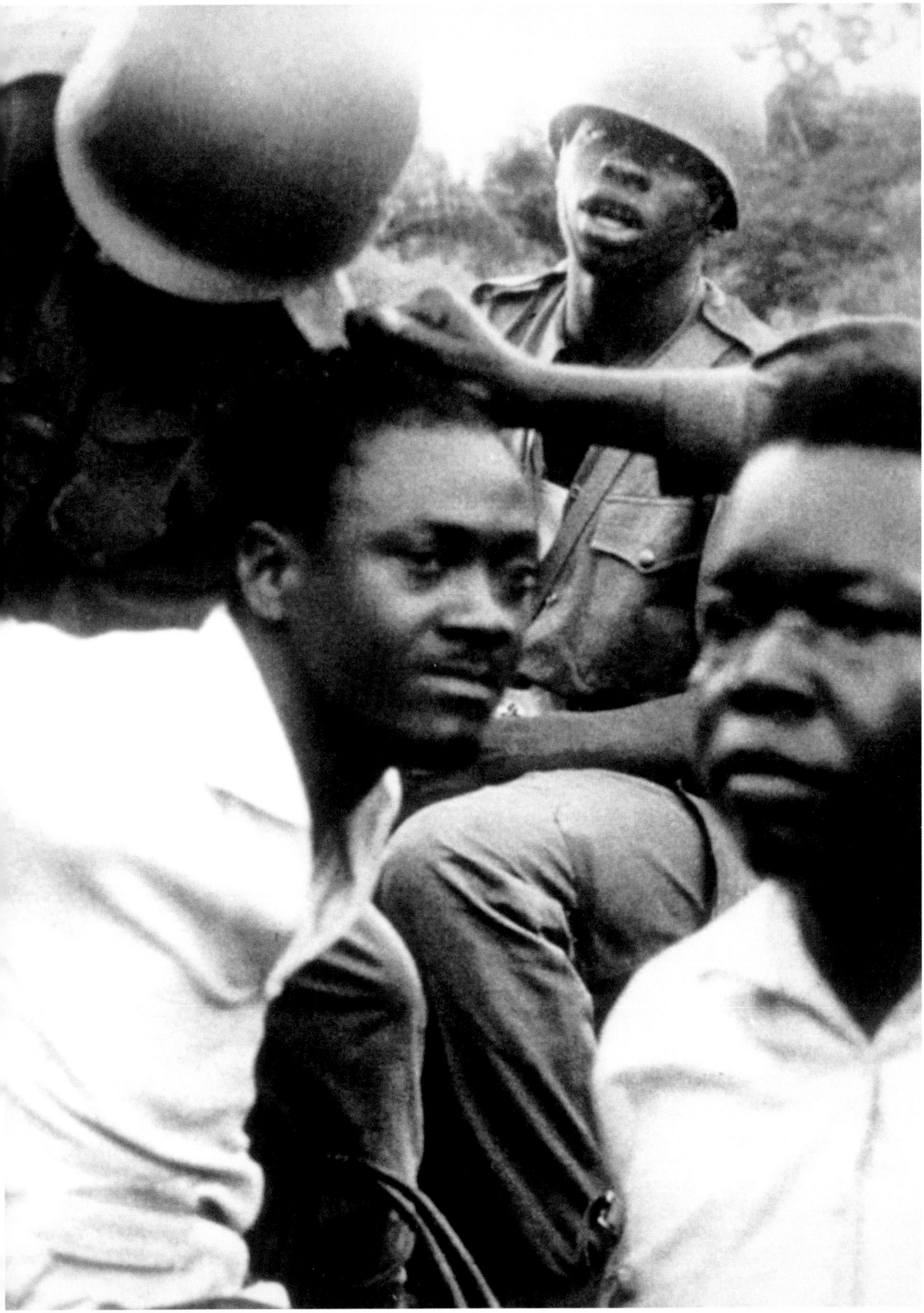

Pour Kongo ! Tenez. Je l'élève au-dessus de ma tête ;
je le ramène sur mon épaule.
Trois fois je lui crachote au visage
je le dépose par terre et vous demande à vous :

> *vérité, connaissez-vous cet enfant ?*

et vous répondez tous :

> *c'est Kongo, notre roi !*

Je voudrais être toucan, le bel oiseau, pour être à
      travers le ciel, annonceur, à races, à langues que Kongo
      nous est né, notre roi ! Kongo, qu'il vive !
Kongo, tard né, qu'il suive l'épervier !
Kongo, tard né, qu'il clôture la palabre !
Camarades, tout est à faire, ou tout est à refaire, mais
      nous le ferons, nous le referons. Pour Kongo !
Nous reprendrons les unes après les autres, toutes les
      lois, pour Kongo !
Nous réviserons, les unes après les autres, toutes les
      coutumes, pour Kongo !
Traquant l'injustice, nous reprendrons, l'une après l'autre,
      toutes les parties du vieil édifice, et du pied à la tête,
      pour Kongo !
Tout ce qui est courbé sera redressé, tout ce qui est dressé
      sera rehaussé
                    pour Kongo !
              Je demande l'union de tous !
            Je demande le dévouement de tous !
                Pour Kongo ! Uhuru !

Congo ! Grand Temps !
et nous, ayant brûlé de l'année oripeaux et défroques,
procédons de mon unanime pas jubilant
dans le temps neuf ! Dans le solstice !

mangrove

il n'est pas toujours bon de barboter dans le premier
marigot venu
il n'est pas toujours bon de se vautrer dans la torpeur des
mornes
il n'est pas toujours bon de se perdre
dans la contemplation gnoséologique
au creux le plus fructueux des arbres généalogiques
(le risque étant de s'apercevoir que l'on s'est égaré au
plus mauvais carrefour de l'évolution)
alors ?
    je ne suis pas homme à toujours chanter Maré Maré
    le guerrier qui meurt que nul ne voit tomber
terre et eaux bave assez
        poitrail d'avril
        étrave
        cheval

banal

rien que la masse de manœuvre de la torpeur à manœuvrer
rien que le jour des autres et leur séjour
rien que ce troupeau de douteux lézards qui reviennent
plutôt gaiement
    du pâturage et leurs conciliabules infâmes
    aux découpes de bayous
    de mon sang méandre à mumbo-jumbo

rien que cette manière de laper chaque hasard de mon
champ vital
    et de raréfier à dose l'ozone natal

rien que le déménagement de moi-même sous le rire bas
des malebêtes
rien que l'hégémonie du brouillard qu'atteste la nappe
qu'il s'est tirée
    sur la cendre des vies entr'aperçues de tours écroulées
    de désirs à peine mâchés puis recrachés (épaves qui
    m'absentent)

rien que du passé son bruit de lointaine canonnade
dans le ciel

je ne le sais que trop
un visage à organiser
une journée à déminer
et toujours cette maldonne à franchir étape par étape
à charge pour moi d'inventer chaque point d'eau.

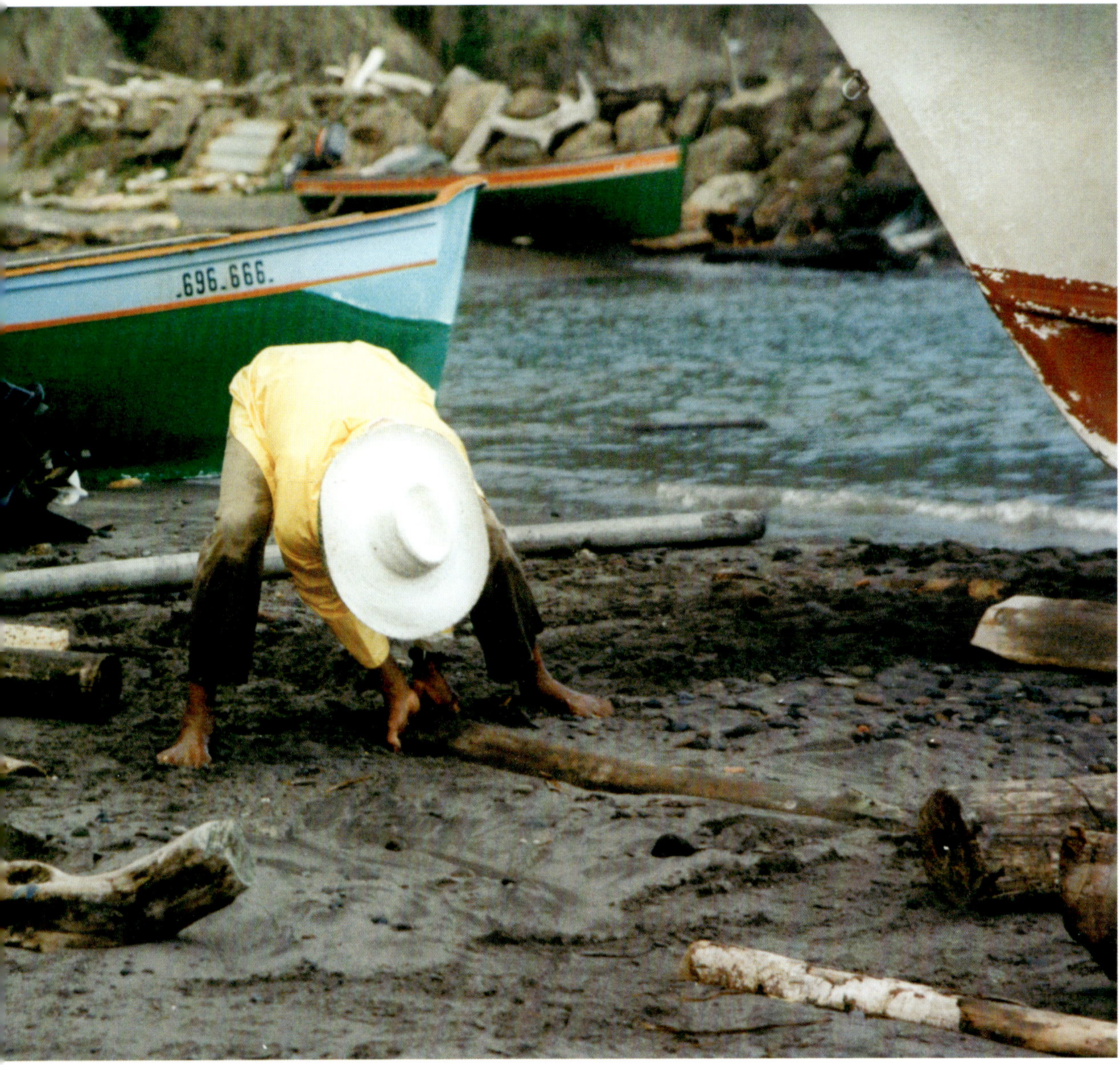
.696.666.

j'ai guidé du troupeau la longue transhumance

marcher à travers des sommeils de cyclones transportant
des villes somnambules dans leurs bras endoloris
croiser à mi-pente du saccage des quartiers entiers
d'astres fourvoyés

marcher non sans entêtement à travers ce pays sans
cartes dont la décomposition périphérique aura épargné
je présume l'indubitable corps ou cœur sidéral

marcher sur la gueule pas tellement bien ourlée
des volcans

marcher sur la fracture mal réduite des continents
(rien ne sert de parcourir la Grande Fosse
d'inspecter tous les croisements d'examiner les ossements
de parent à parent il manque toujours un maillon)

marcher en se disant qu'il est impossible
que la surtension atmosphérique
captée par les oiseaux parafoudres
n'ait pas été retransmise quelque part
en tout cas quelque part un homme est qui l'attend
il s'est arrêté un moment
le temps pour un nuage d'installer une belle parade de
trochilidés
l'éventail à n'en pas douter à éventer d'or jeune
la partie la plus plutonique d'une pépite qui n'est pas
autre chose que le ventre flammé d'un beau temps récessif

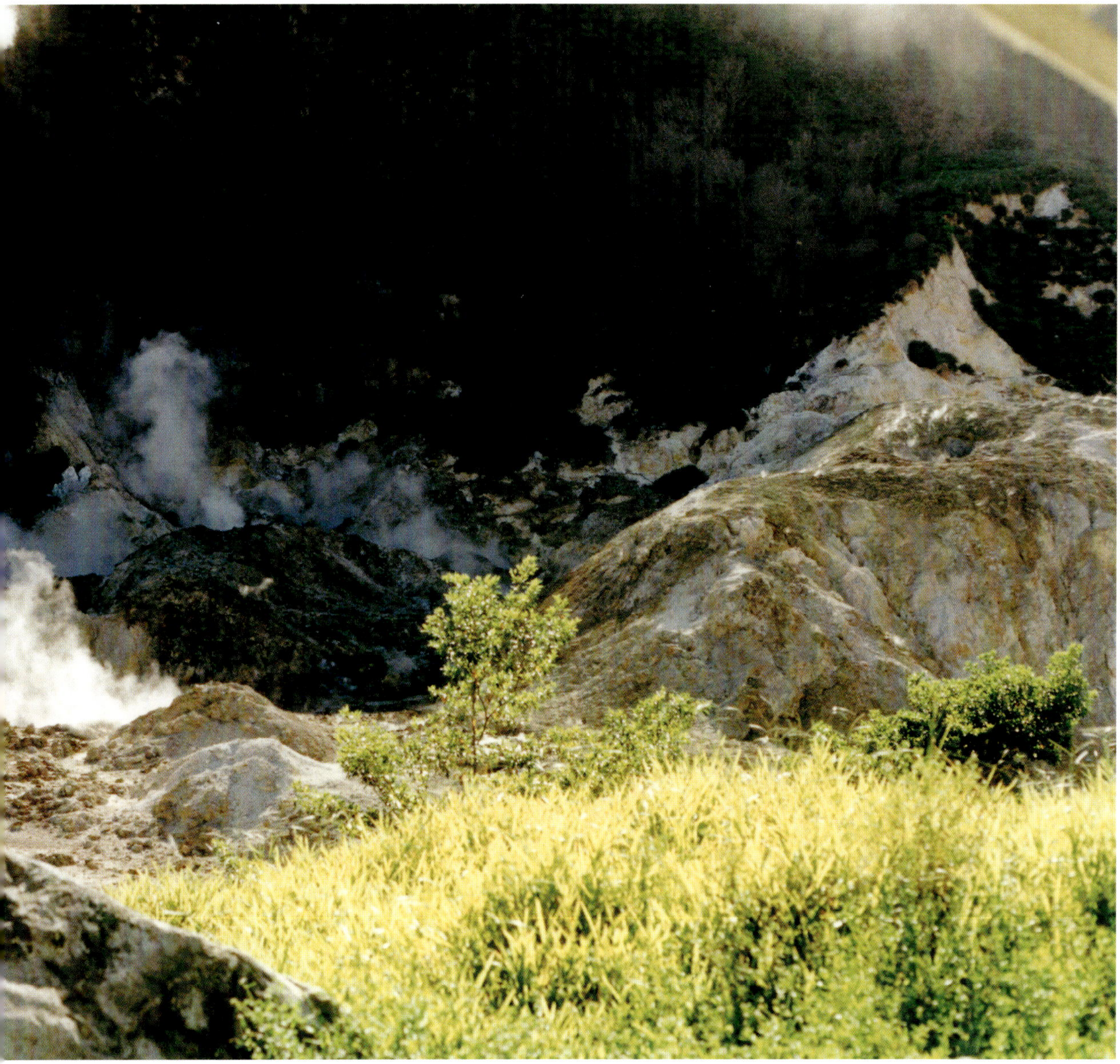

nouvelle bonté

il n'est pas question de livrer le monde aux assassins
d'aube
    la vie-mort
    la mort-vie
les souffleteurs de crépuscule
les routes pendent à leur cou d'écorcheurs
comme des chaussures trop neuves
il ne peut s'agir de déroute
seuls les panneaux ont été de nuit escamotés
pour le reste
des chevaux qui n'ont laissé sur le sol
que leurs empreintes furieuses
des mufles braqués de sang lapé
le dégainement des couteaux de justice
et des cornes inspirées
des oiseaux vampires tout bec allumé
se jouant des apparences
mais aussi des seins qui allaitent des rivières
et les calebasses douces au creux des mains d'offrande

une nouvelle bonté ne cesse de croître à l'horizon

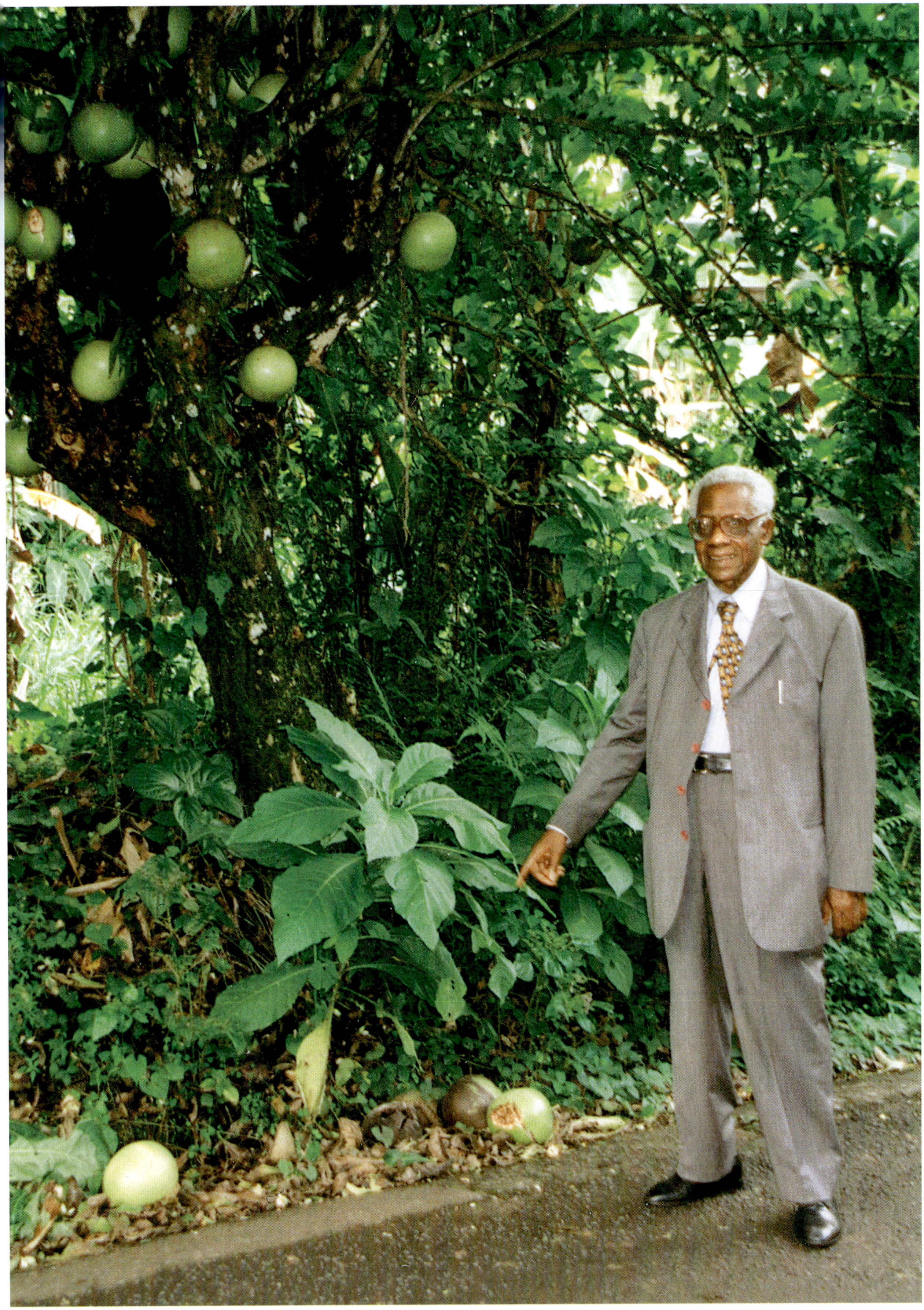

parole due

Combien de fleuves
de montagnes
de mers
              de désastres
penser combien de siècles
           les forêts

parole due :
           l'enlisement s'enroule
         seul le dur est arable

danse mémoire danse éligible
l'invivable en son site

avance devance
laisse à l'horizon s'assoupir la caravane des mornes
le lion au nord qu'il éructe ses entrailles
au carrefour parmi la lave qui trop vite refroidit
tu rencontreras l'enfant

c'est du vent qu'il s'agit

de l'élan du poumon accompagne-le longtemps

avance
          en chemin
sans écarter les chiens
le vent par toi vivant par toi-même les acharne

de tout ce que de montagne il s'est bâti en toi
construis chaque pas déconcertant
la pierraille sommeilleuse

ne dépare pas le pur visage de l'avenir
bâtisseur d'un insolite demain

que ton fil ne se noue
que ta voix ne s'éraille
que ne se confinent tes voies

               avance

Huracán, Wifredo Lam, 1945–1946.

ÎLES

Ce qui est à moi, ces quelques milliers de mortiférés qui tournent en rond dans la calebasse d'une île et ce qui est à moi aussi, l'archipel arqué comme le désir inquiet de se nier, on dirait une anxiété maternelle pour protéger la ténuité plus délicate qui sépare l'une de l'autre Amérique; et ses flancs qui sécrètent pour l'Europe la bonne liqueur d'un Gulf Stream, et l'un des deux versants d'incandescence entre quoi l'Équateur funambule vers l'Afrique. Et mon île non-clôture, sa claire audace debout à l'arrière de cette polynésie, devant elle, la Guadeloupe fendue en deux de sa raie dorsale et de même misère que nous, Haïti où la négritude se mit debout pour la première fois et dit qu'elle croyait à son humanité et la comique petite queue de la Floride où d'un nègre s'achève la strangulation, et l'Afrique gigantesquement chenillant jusqu'au pied hispanique de l'Europe, sa nudité où la Mort fauche à larges andains.

cahier d'un retour...

Au bout du petit matin, ce plus essentiel pays restitué à ma gourmandise, non de diffuse tendresse, mais la tourmentée concentration sensuelle du gras téton des mornes avec l'accidentel palmier comme son germe durci, la jouissance saccadée des torrents et depuis Trinité jusqu'à Grand-Rivière, la grand'lèche hystérique de la mer.

Et le temps passait vite, très vite.

Passés août où les manguiers pavoisent de toutes leurs lunules, septembre l'accoucheur de cyclones, octobre le flambeur de cannes, novembre qui ronronne aux distilleries, c'était Noël qui commençait.
Il s'était annoncé d'abord Noël par un picotement de désirs, une soif de tendresses neuves, un bourgeonnement de rêves imprécis, puis il s'était envolé tout à coup dans le froufrou violet de ses grandes ailes de joie, et alors c'était parmi le bourg sa vertigineuse retombée qui éclatait la vie des cases comme une grenade trop mûre.
Noël n'était pas comme toutes les fêtes. Il n'aimait pas à courir les rues, à danser sur les places publiques, à s'installer sur les chevaux de bois, à profiter de la cohue pour pincer les femmes, à lancer des feux d'artifice au front des tamariniers. Il avait l'agoraphobie, Noël. Ce qu'il lui fallait c'était toute une journée d'affairement, d'apprêts, de cuisinages, de nettoyages, d'inquiétudes,
de-peur-que-ça-ne-suffise-pas,
de-peur-que-ça-ne-manque,
de-peur-qu'on-ne-s'embête,
puis le soir une petite église pas intimidante, qui se laissât emplir bienveillamment par les rires, les chuchotis, les confidences, les déclarations amoureuses, les médisances et la cacophonie gutturale d'un chantre bien d'attaque et aussi de gais copains et de franches luronnes et des cases aux entrailles riches en succulences, et pas regardantes, et l'on s'y parque une vingtaine, et la rue est déserte, et le bourg n'est plus qu'un bouquet de chants, et l'on est bien à l'intérieur, et l'on en mange du bon, et l'on en boit du réjouissant et il y a du boudin, celui étroit de deux doigts qui s'enroule en volubile, celui large et trapu, le bénin à goût de serpolet, le violent à incandescence pimentée, et du café brûlant et de l'anis sucré et du punch au lait, et le soleil liquide des rhums, et toutes sortes de bonnes choses qui vous imposent autoritairement

les muqueuses ou vous les distillent en ravissements, ou vous les tissent de fragrances, et l'on rit, et l'on chante, et les refrains fusent à perte de vue comme des cocotiers :

> *Alleluia*
> *Kyrie eleison... leison... leison,*
> *Christe eleison... leison... leison.*

Et ce ne sont pas seulement les bouches qui chantent, mais les mains, mais les pieds, mais les fesses, mais les sexes, et la créature tout entière qui se liquéfie en sons, voix et rythme.

Arrivée au sommet de son ascension, la joie crève comme un nuage. Les chants ne s'arrêtent pas, mais ils roulent maintenant inquiets et lourds par les vallées de la peur, les tunnels de l'angoisse et les feux de l'enfer.

Et chacun se met à tirer par la queue le diable le plus proche, jusqu'à ce que la peur s'abolisse insensiblement dans les fines sablures du rêve, et l'on vit comme dans un rêve véritablement, et l'on boit et l'on crie et l'on chante comme dans un rêve, et l'on somnole aussi comme dans un rêve avec des paupières en pétales de rose, et le jour vient velouté comme une sapotille, et l'odeur de purin des cacaoyers, et les dindons qui égrènent leurs pustules rouges au soleil, et l'obsession des cloches, et la pluie,

les cloches... la pluie...

qui tintent, tintent, tintent...

magique

avec une lèche de ciel sur un quignon de terre
vous bêtes qui sifflez sur le visage de cette morte
vous libres fougères parmi les roches assassines
à l'extrême de l'île parmi les conques trop vastes pour
leur destin
lorsque midi colle ses mauvais timbres sur les plis
tempétueux de la louve
hors cadre de science nulle
et la bouche aux parois du nid suffète des îles englouties
comme un sou

avec une lèche de ciel sur un quignon de terre
prophète des îles oubliées comme un sou
sans sommeil sans veille sans doigt sans palancre
quand la tornade passe rongeur du pain des cases

vous bêtes qui sifflez sur le visage de cette morte
la belle once de la luxure et la coquille operculée
mol glissement des grains de l'été que nous fûmes
belles chairs à transpercer du trident des aras
lorsque les étoiles chancelières de cinq branches
trèfles au ciel comme des gouttes de lait chu
réajustent un dieu noir mal né de son tonnerre

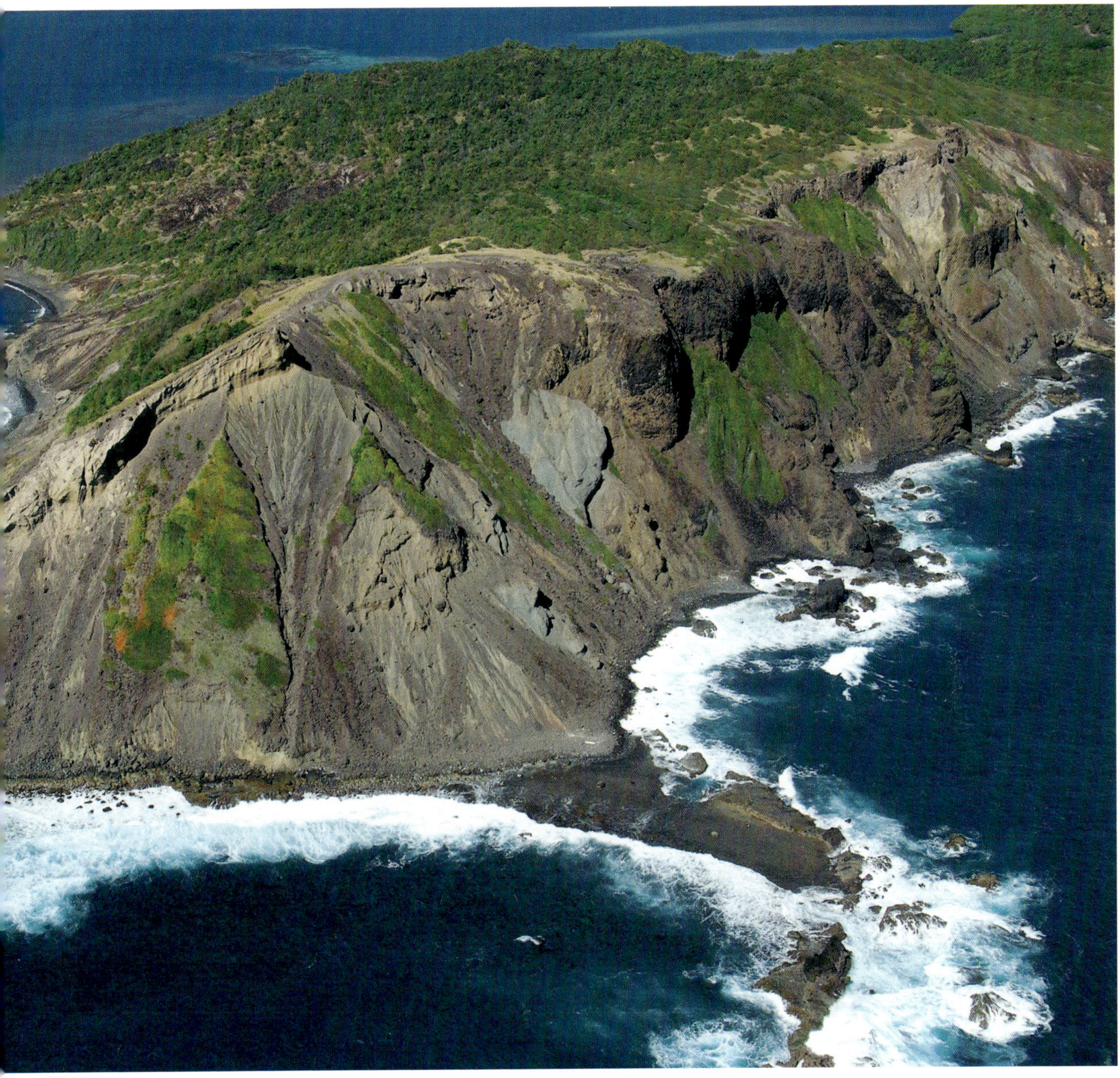

comptine

C'est cette mince pellicule sur le remous du vin
mal déposé de la mer
c'est ce grand cabrement des chevaux de la terre
arrêtés à la dernière seconde sur un sursaut du gouffre
c'est ce sable noir qui se saboule au hoquet de l'abîme
c'est du serpent têtu ce rampement hors naufrage
cette gorgée d'astres revomie en gâteau de lucioles
cette pierre sur l'océan élochant de sa bave
une main tremblante pour oiseaux de passage
ici Soleil et Lune
font les deux roues dentées savamment engrenées
d'un Temps à nous moudre féroce
c'est ce mal être
    cette fiente
    ce sanglot de coraux
c'est fondant du ciel mémorable
jusqu'au leurre de nos cœurs rouges à l'aube
ce bec de proie rompant la poitrine inhospitalière
    cage
    et
    marécage

C'est cet émouchet qui blasonne le ciel de midi de nos
noirs cœurs planant
    ce rapt
    ce sac
    ce vrac

    cette terre

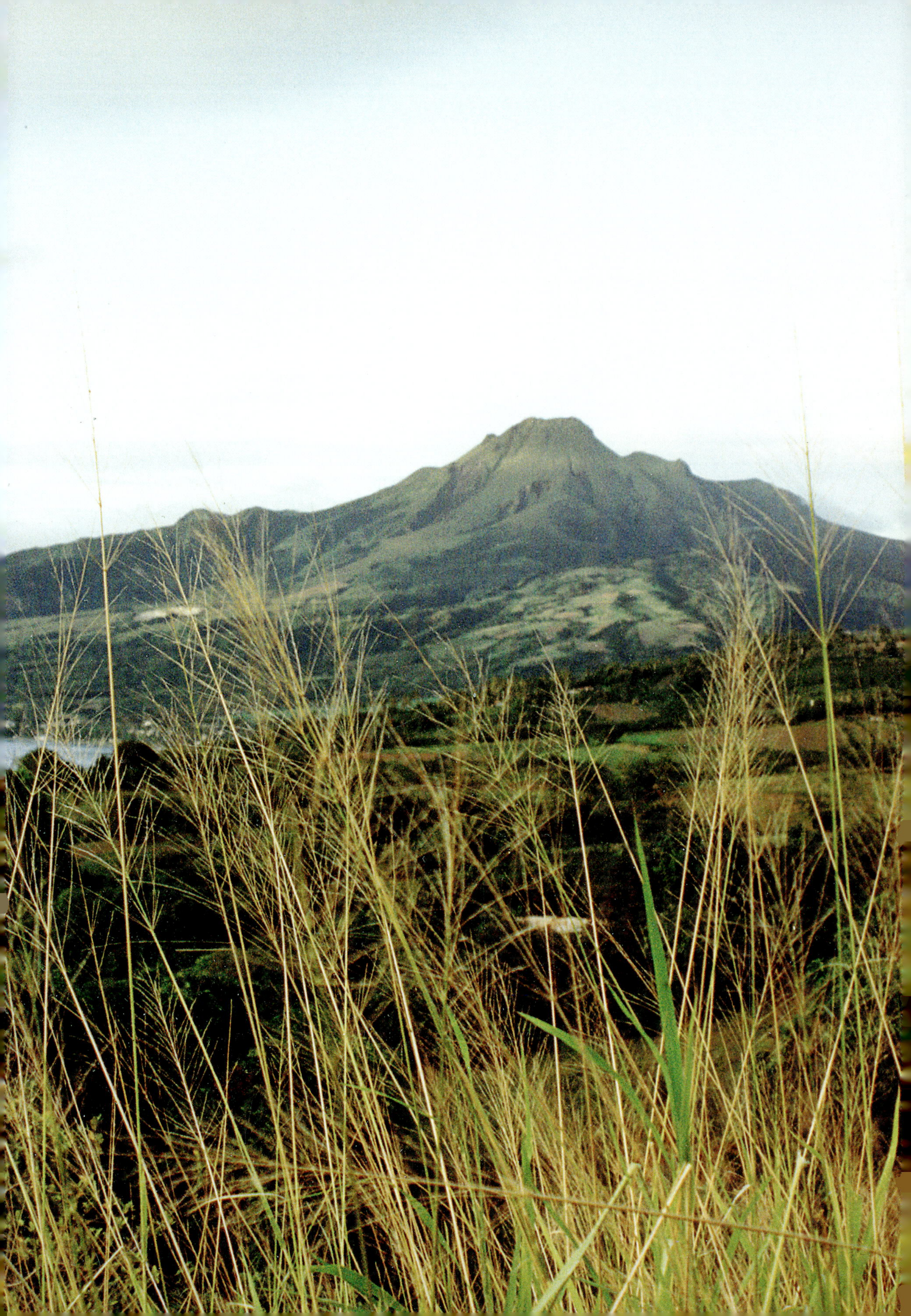

c'est moi-même, Terreur, c'est moi-même

Les rêves échoués desséchés font au ras de la gueule
des rivières
de formidables tas d'ossements muets
les espoirs trop rapides rampent scrupuleusement
en serpents apprivoisés
on ne part pas on ne part jamais
pour ma part en île je me suis arrêté fidèle
debout comme le prêtre Jehan un peu de biais sur la mer
et sculpté au niveau du museau des vagues et de la fiente
des oiseaux
choses choses c'est à vous que je donne
ma folle face de violence déchirée dans les profondeurs
du tourbillon
ma face tendre d'anses fragiles où tiédissent les lymphes
c'est moi-même Terreur c'est moi-même
le frère de ce volcan qui certain sans mot dire
rumine un je ne sais quoi de sûr
et le passage aussi pour les oiseaux du vent
qui s'arrêtent souvent s'endormir une saison
c'est toi-même douceur c'est toi-même
traversé de l'épée éternelle
et tout le jour avançant
marqué du fer rouge de choses sombrées
et du soleil remémoré

statue de Lafcadio Hearn

Sans doute est-il absurde de saluer cette
poussée en plein océan
restée debout à la verticale parmi
les griffures du vent
et dont le cœur à chaque battement
déclenche
un délire vrai de lianes. Grande phrase
de terre sensuelle si bégayée aux mornes !
« Et qui, qui veut » entendais-je hurler une
voix sans dérision « en boire de l'Âme
d'Homme ? De l'Esprit de Combat ? De
l'Essence par quoi qui tombe tombe pour
se relever ? Du Meneur de Cœurs ? Du Briseur
de l'Enfer ? » Alors alors ma vue tarière força
et la vision pondit ses yeux sans rémission :

Yé grimpa au palmier
Nanie-Rosette mangeait sur un rocher
le diable volait autour
oint de graisse de serpent
d'huile des trépassés

un dieu dans la ville dansait à tête de bœuf
des rhums roux couraient de gosier en gosier
aux ajoupas l'anis se mêlait à l'orgeat
aux carrefours s'accroupissaient aux dés et
sur les doigts dépêchaient des rêves
des hommes couleur tabac
dans les ombres aux poches de longs rasoirs
dormaient

des rhums roux couraient de gosier en gosier
mais aucun aucun qui formidable fît réponse
et sa muqueuse prêtât à la morsure des
guêpes

Ô questionneur étrange
      je te tends ma cruche comparse
          le noir verbe mémorant
              Moi moi moi
car de toi je connus que ta patience fut faite
de la cabine de commandement d'un corsaire
démâté par l'orage et léché d'orchidées

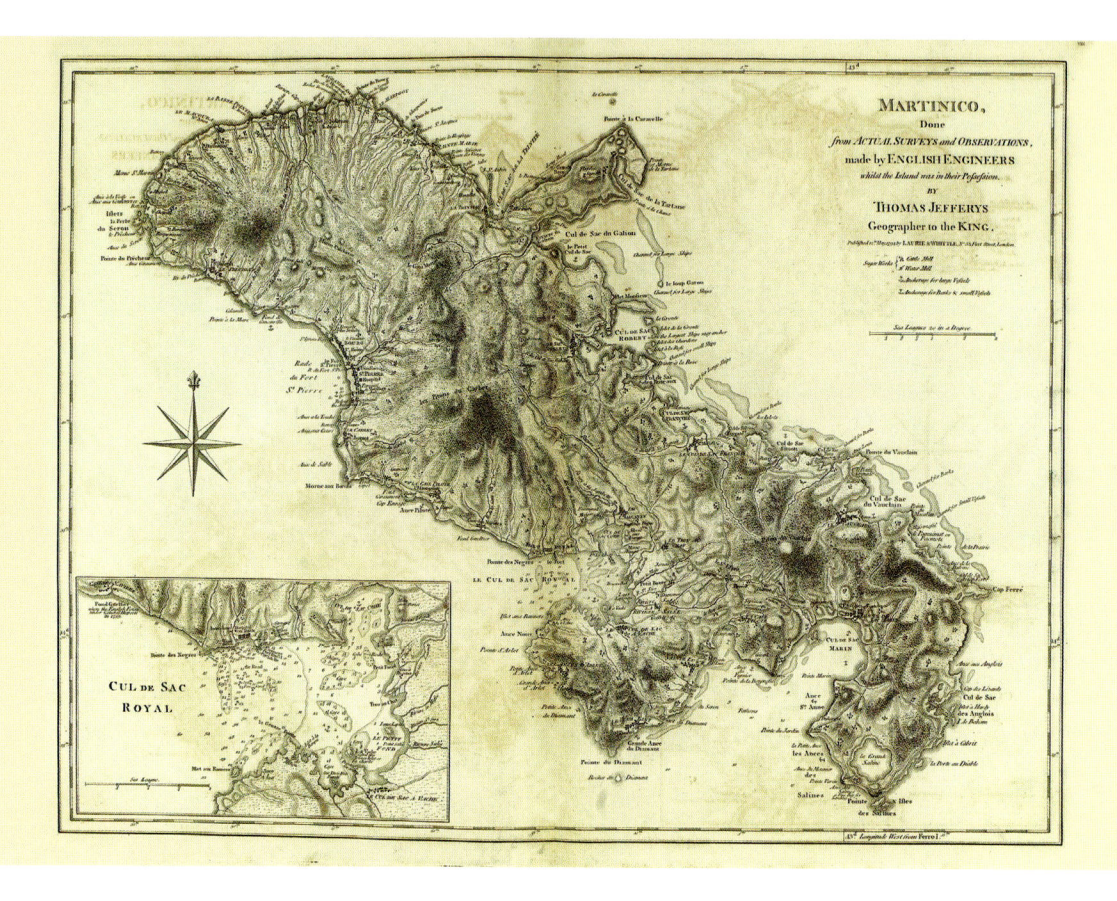

La Martinique, en forme d'hippocampe

chanson de l'hippocampe

petit cheval hors du temps enfui
bravant les lès du vent et la vague
et le sable turbulent
petit cheval
    dos cambré que salpêtre le vent
tête basse vers le cri des juments
petit cheval sans nageoire
        sans mémoire
débris de fin de course et sédition
de continents

fier petit cheval têtu d'amours supputées
mal arrachés au sifflement des mares

un jour rétif
    nous t'enfourcherons

et tu galoperas petit cheval
sans peur
vrai dans le vent le sel et le varech

maillon de la cadène

avec des bouts de ficelle

avec des rognures de bois

avec de tout tous les morceaux bas

avec les coups bas

avec des feuilles mortes ramassées à la pelle

avec des restants de draps

avec des lassos lacérés

avec des mailles forcées de cadène

avec des ossements de murènes

avec des fouets arrachés

avec des conques marines

avec des drapeaux et des tombes dépareillées

        par rhombes

          et trombes

te bâtir

la loi des coraux

nous les chiffonniers de l'espoir
les porteurs du fameux chromosome
qui fait les écouteurs de géodes et d'hélodermes
nous de la dernière glane et des ondes de choc

s'il a attendu
le cœur battant et chaque fois plus absurde
chaque goutte de sang
s'il a bramé à la lisière d'être là
s'il s'est accroché furieusement
à un bouillonnement d'oiseaux loquaces
se disputant une carne dont
sa jeunesse est le trophée
s'il a senti à travers le vêtement émincé de la peau
chaque fois plus profonde la morsure du dieu
    (âge et son péage)
s'il a reconnu rôder autour de l'atoll qui s'épuise
le mollusque rongeur — la loi de ces coraux

du naufrage qu'une île s'explicite
selon une science d'oiseau-guide aguerri
    divaguant très tenace
vers les rochers sauvages de l'avenir.

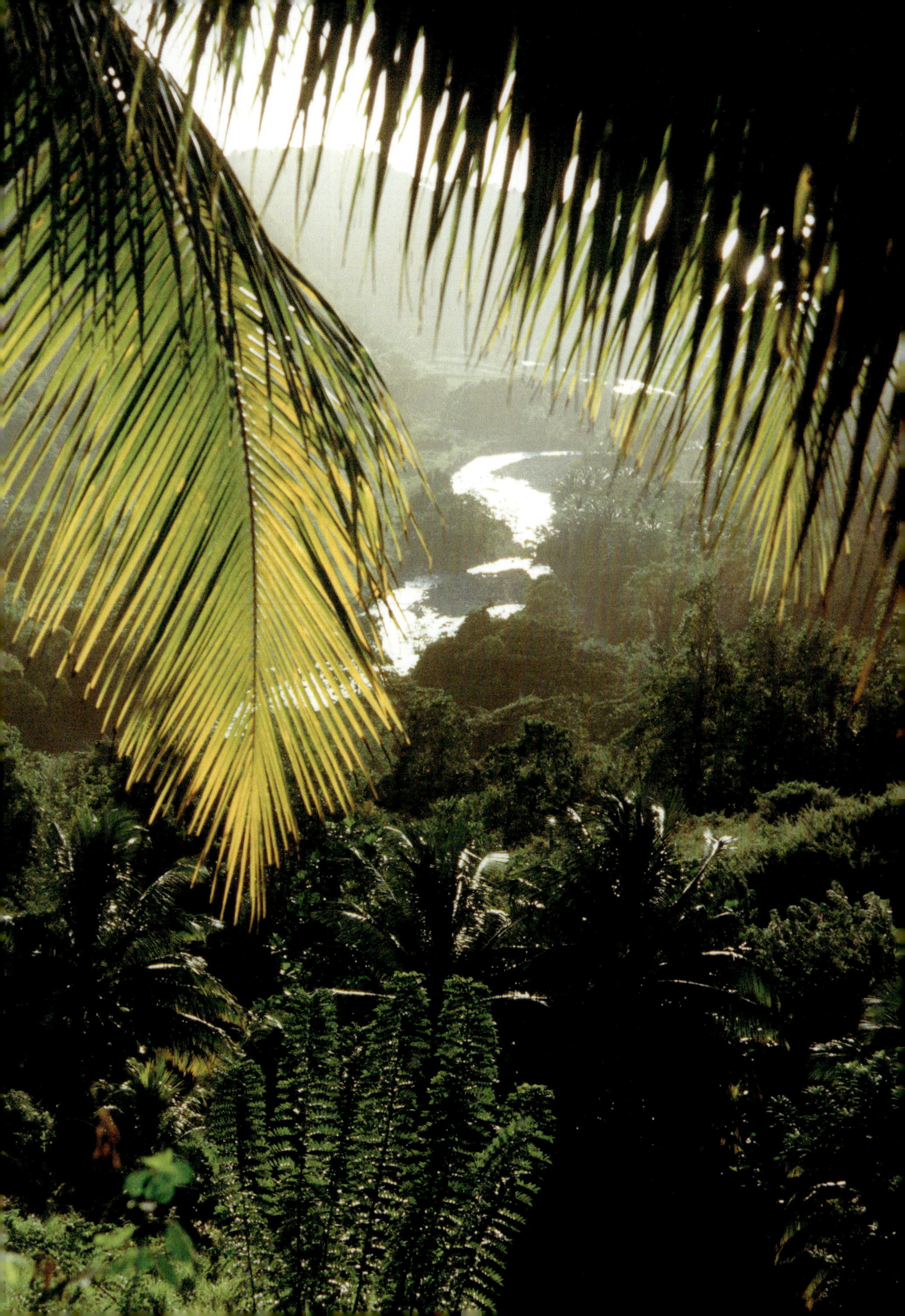

comme un malentendu de salut

de grief en grief
de souvenance en rémanence
de bribe en bribe
à bride abattue
de mer en mer
de marâtre en marâtre
du chant de sang des flamboyants
à la soif désuète du lit obstiné de l'encens
quant à toi solstice
en plein cœur du boucan
campement d'un troupeau de volcans à l'encan
brise-moi d'odeurs opiniâtres
éparpillé
de routes humides d'amaryllis
en buisson de rocailles surchauffées
          c'est tout un
le labyrinthe régresse du futur obscurci
à la nuit des fontaines mal descellées
       bavure
           bévue
s'efface comme un malentendu de salut

rocher de la femme endormie
ou *belle comme l'exaspération de la sécession*

Rescapée rescapée
C'est toi la retombée
D'un festin de volcans
D'un tourbillon de lucioles
D'une fusée de fleurs d'une fureur de rêves

Très pure loin de toute cette jungle
La traîne de tes cheveux ravivée
Jusqu'au fond de la barque solaire
Exaspération de la sécession

De temps en temps à travers la brume de sable
Qui s'éclaircit
À travers les jeux cicatriciels du ciel
Je la vois qui bat des paupières
Histoire de m'avertir qu'elle comprend mes signaux
Qui sont d'ailleurs en détresse des chutes de soleil
Très ancien

Les siens je crois bien être le seul à les capter encore
Plus d'une fois j'ai enhardi la vague
À franchir la limite qui nous sépare toujours

Mais le dragon gouverne le cap de cette eau interdite
Même si c'est souvent en inoffensif caret-plongeur
Qu'il survient respirer à la surface maudite

Alors quel oiseau sacrificiel aujourd'hui
Te dépêcher

Rescapée rescapée
Toi exil mien et reine des décombres
Fantôme toujours inapte à parfaire son royaume

La Serre, Wifredo Lam, 1944.

GÉOGRAPHIE CORDIALE

Et mon originale géographie aussi ; la carte du monde faite à mon usage, non pas teinte aux arbitraires couleurs des savants, mais à la géométrie de mon sang répandu, j'accepte
et la détermination de ma biologie, non prisonnière d'un angle facial, d'une forme de cheveux, d'un nez suffisamment aplati, d'un teint suffisamment mélanien, et la négritude, non plus un indice céphalique, ou un plasma, ou un soma, mais mesurée au compas de la souffrance

Mississipi

Hommes tant pis qui ne vous apercevez pas que mes yeux se souviennent
    de frondes et de drapeaux noirs
    qui assassinent à chaque battement de mes cils

Hommes tant pis qui ne voyez pas qui ne voyez rien
pas même la très belle signalisation de chemin de fer
que font sous mes paupières les disques rouges et noirs
du serpent-corail que ma munificence love dans mes larmes

Hommes tant pis qui ne voyez pas qu'au fond du réticule
où le hasard a déposé nos yeux
il y a qui attend un buffle noyé jusqu'à la garde des yeux du marécage

Hommes tant pis qui ne voyez pas que vous ne pouvez
m'empêcher de bâtir à sa suffisance
des îles à la tête d'œuf de ciel flagrant
sous la férocité calme du géranium immense de notre soleil.

blues de la pluie

Aguacero
beau musicien
au pied d'un arbre dévêtu
parmi les harmonies perdues
près de nos mémoires défaites
parmi nos mains de défaite
et des peuples de force étrange
nous laissions pendre nos yeux
et natale
dénouant la longe d'une douleur
nous pleurions.

spirales

nous montons
nattes de pendus des canéfices
(le bourreau aura oublié de faire leur dernière toilette)
nous montons
belles mains qui pendent des fougères et agitent des
adieux que nul n'entend
nous montons
les balisiers se déchirent le cœur sur le moment précis
où le phénix renaît de la plus haute flamme qui le consume
nous montons
nous descendons
les cécropies cachent leur visage
et leurs songes dans le squelette de leurs mains phosphorescentes
les cercles de l'entonnoir se referment de plus en plus vite
c'est le bout de l'enfer
nous rampons nous flottons
nous enroulons de plus en plus serrés les gouffres de la terre
les rancunes des hommes
la rancœur des races
      et les ressacs abyssaux nous ramènent
      dans un paquet de lianes
      d'étoiles et de frissons

La Montagne Pelée.

blanc à remplir sur la carte voyageuse du pollen

N'y eût-il dans le désert
qu'une seule goutte d'eau qui rêve tout bas,
dans le désert n'y eût-il
qu'une graine volante qui rêve tout haut,
c'est assez,
rouillure des armes, fissures des pierres, vrac des ténèbres
désert, désert, j'endure ton défi
blanc à remplir sur la carte voyageuse du pollen.

en vérité...

la pierre qui s'émiette en mottes
le désert qui se blute en blé
le jour qui s'épelle en oiseaux
le forçat l'esclave le paria
la stature épanouie harmonique
la nuit fécondée la fin de la faim

du crachat sur la face
et cette histoire parmi laquelle je marche mieux que
durant le jour

la nuit en feu la nuit déliée le songe forcé
le feu qui de l'eau nous redonne
l'horizon outrageux bien sûr
un enfant entrouvrira la porte...

lettre de Bahia-de-tous-les-saints

Bahii-a

Comme un scélérat coup de cachaça
dans la gorge d'Exu et le mot délira en moi
un hennissement d'îles vertes femmes
nageuses éparpillées parmi la jactance des
fruits et un écroulement de perroquets

Bahii-a

la courbe d'un collier dévalé vers la poitrine
dévoilée de la mer bien lovant au creux sa
touffure de ressac

Bahii-a

dérive de continents, un en-aller de terre,
un bâillement géologique à l'heure fastueuse
de l'échouage, le tout assoupi à l'ancre
et mal dompté au lieu

Bahii-a

de nostalgie, de gingembre et de poivre,
Bahia des filles de saints, des femmes
de Dieu, à peau de crevette rose, à peau
douce aussi de la sauce *vatapa*

Ah! Bahii-a!

Bahia d'ailes! de connivences! de *pouvoirs!*
Campo grande pour les grandes manœuvres
de l'insolite! De toutes les communications
avec l'inconnu, Centrale et Douane!

De fait, d'Ogu ou de saint Georges, on ne sait,
des nuages solennels croisèrent l'épée,
échangèrent des perles, des claies, des
cauris roses, des cauris mauves, des
araignées damasquinées, des carabes
voraces, des lézards rares

et le mot se termina dans le délabrement
interlope des plus hautes seigneuries du ciel

Ah! Bahia!

Ce fut alors un engourdissement d'encens
carrelé d'or dans une lourde sieste où se
fondaient ensemble des églises *azulejos,*
des clapotis d'outre-mornes de tambours,
des fusées molles de dieux comblés, d'où
l'aube débusqua, très tendre, de graves filles
couleur jacaranda, peignant lentement leurs
cheveux de varech.

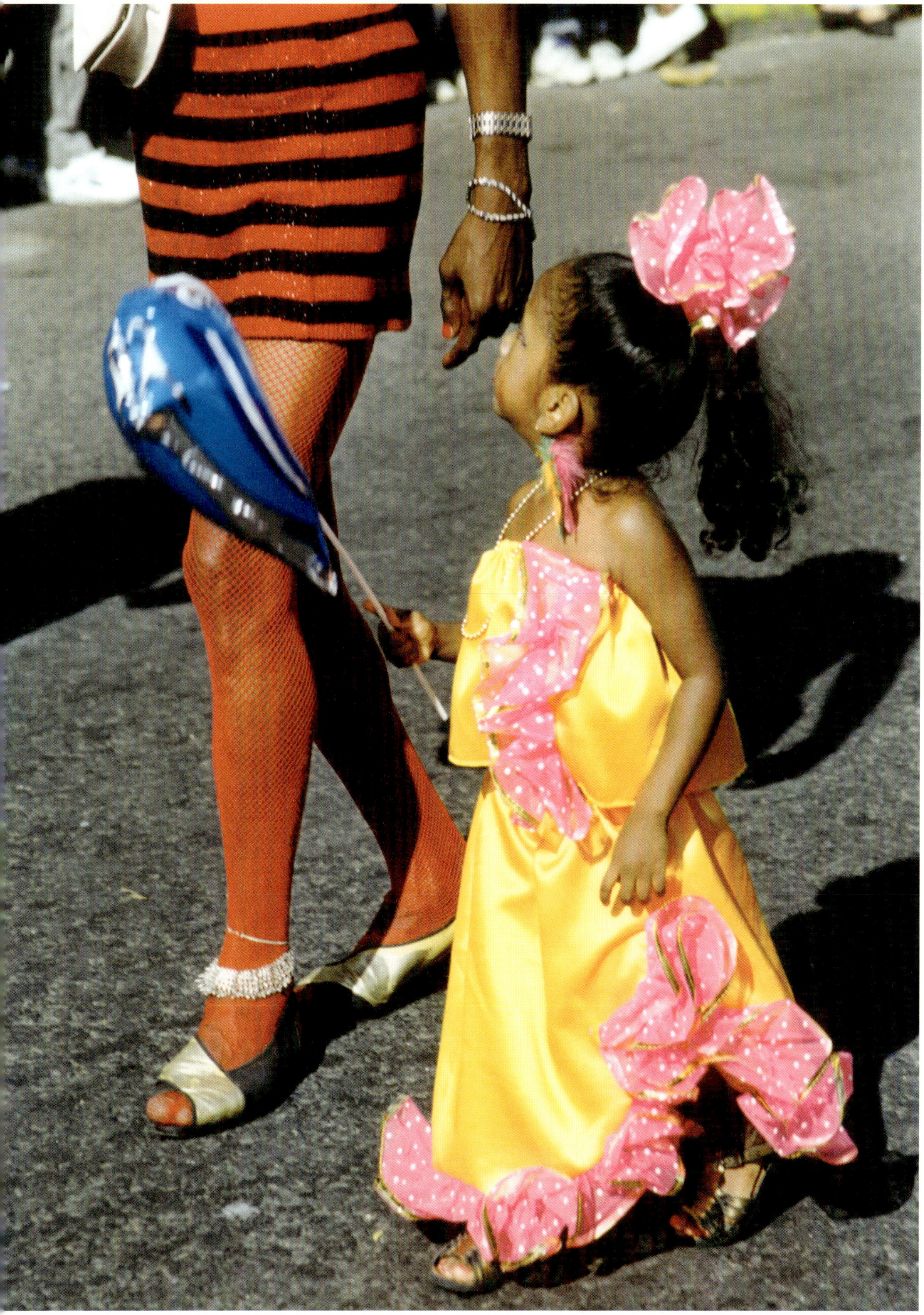

algues

la relance ici se fait
par le vent qui d'Afrique vient
par la poussière d'alizé
par la vertu de l'écume
et la force de la terre

nu
l'essentiel est de sentir nu
de penser nu
    la poussière d'alizé
    la vertu de l'écume
    et la force de la terre
la relance ici se fait par l'influx
plus encore que par l'afflux
    la relance
        se fait
            algue laminaire

inventaire de cayes
(à siffler sur la route)

beaux
    beaux
        Caraïbos
quelle volière
        quels oiseaux

cadavres de bêtes
        cadavres d'oiseaux
autour du marécage
        moins moins beau le marécage
        moins beau que le Maracaïbo

beaux beaux les piranhas
        beaux beaux les stymphanos
quant à vous sifflez sifflez
(encore un mauvais coup d'Eshu)

        boca del Toro
        boca del Drago

chanson chanson de cage
adieu volière
        adieu oiseaux

crevasses

Ich steige schon dreihundert Jaht,
Und Kann den Gipfel nicht erreichen.
(« Je grimpe depuis trois cents ans
et ne puis atteindre le sommet. »)

Goethe, *Faust*

La sombre épellation établit sa loi :... Ure... Usure ! Barbarie... Blessure ! Le Temps, lui, connaît le blason et démasque à temps son mufle forban. Précisément. Inutile que l'on se donne un quelconque signal. La route est de cervelle toujours libre.
On a toute licence : on avance, on pénètre dans le taillis, dans le fouillis. Tel est bien le piège. Comme de juste, on s'empêtre dans les galaxies de limaille de semailles accumulées en conglomérats de madrépores : traces et rémanences. On marche à quatre pattes. On se dépêtre. Courbé toujours mais avançant. Allongées de récifs encapuchonnés de paquets rescapés de serpents fer-de-lance (à identifier d'ailleurs).
Pêle-mêle de silice, des traînées, de menées sournoises d'algues à déjouer, toute une cartoucherie clandestine, une musserie innommable, du décrochez-moi-ça antédiluvien et pouacre.
On tourne en rond. La naïveté est d'attendre qu'une voix, je dis bien qu'une voie vous dise : *par ici la sortie !*
N'existe que le nœud. Nœud sur nœud. Pas d'embouchure. La technique du pont de lianes sur l'abîme croupissant est trop compliquée. Oubliée depuis longtemps.
Longtemps une crevasse creusera et, déjà, ronge.
Crevasse. Cloportes. Enjamber ? À quoi bon ?
Moi qui rêvais autrefois d'une écriture belle de rage !
Crevasse j'aurai tenté.

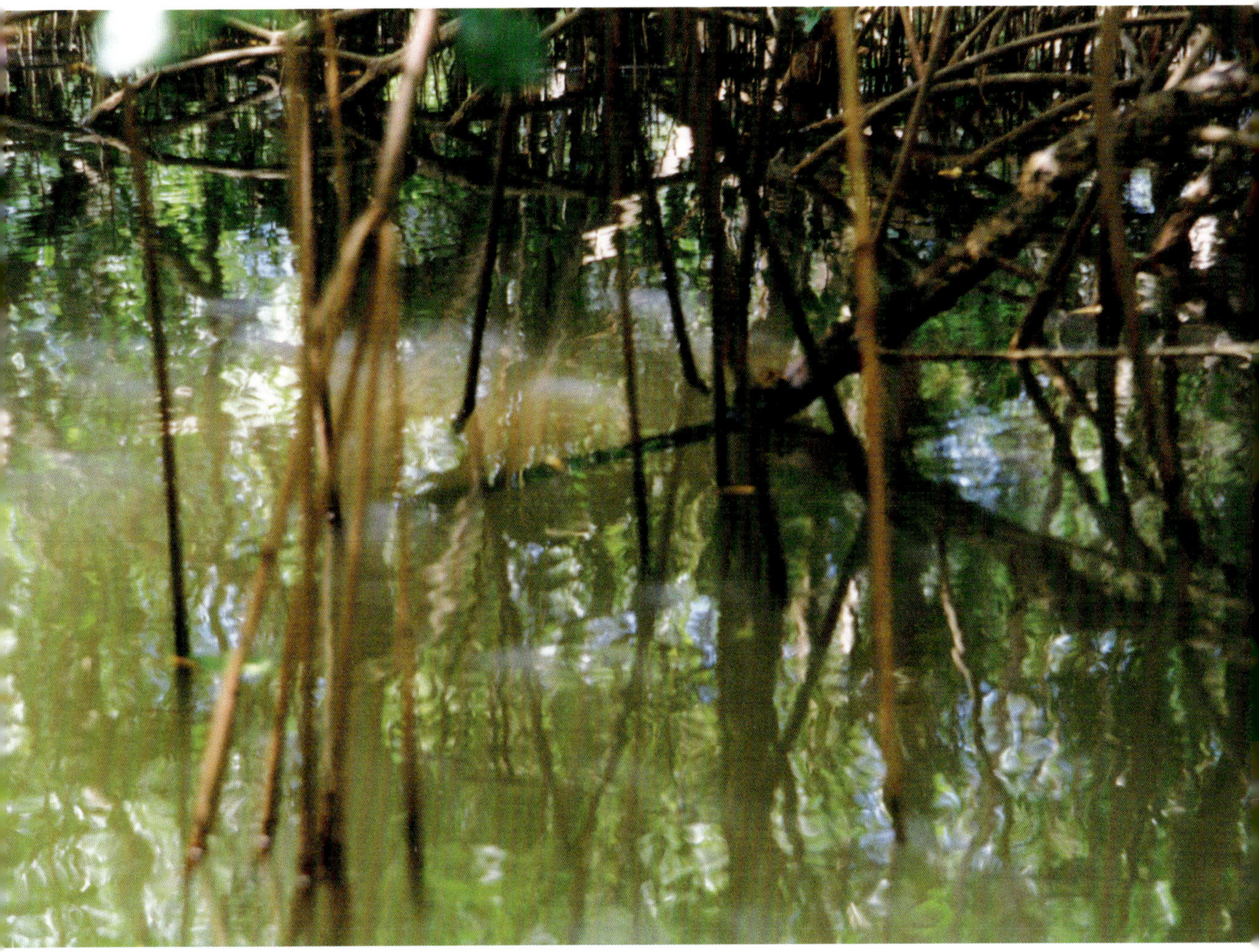

dorsale bossale

il y a des volcans qui se meurent
il y a des volcans qui demeurent
il y a des volcans qui ne sont là que pour le vent
il y a des volcans fous
il y a des volcans ivres à la dérive
il y a des volcans qui vivent en meutes et patrouillent
il y a des volcans dont la gueule émerge de temps en
temps
véritables chiens de la mer
il y a des volcans qui se voilent la face
toujours dans les nuages
il y a des volcans vautrés comme des rhinocéros fatigués
dont on peut palper la poche galactique
il y a des volcans pieux qui élèvent des monuments
à la gloire des peuples disparus
il y a des volcans vigilants
des volcans qui aboient
montant la garde au seuil du Kraal des peuples endormis
il y a des volcans fantasques qui apparaissent
et disparaissent
(ce sont jeux lémuriens)
il ne faut pas oublier ceux qui ne sont pas les moindres
les volcans qu'aucune dorsale n'a jamais repérés
et dont de nuit les rancunes se construisent
il y a des volcans dont l'embouchure est à la mesure
exacte de l'antique déchirure.

ASSEMBLÉE NATIONALE
RÉPUBLIQUE FRANÇAISE
LIBERTÉ - ÉGALITÉ - FRATERNITÉ

PARIS, le

~~Dorsale~~ Dorsale. Bossale

il y a des volcans qui se meurent
il y a des volcans qui demeurent
il y a des volcans qui ne sont là que pour le vent
il y a des volcans fous
il y a des volcans ivres à la dérive
il y a des volcans qui vivent en meutes et patrouillent
il y a des volcans dont la gueule émerge de temps en temps
véritables chiens de la mer
il y a des volcans qui se voilent la face
toujours dans les nuages
il y a des volcans ~~accroupis~~ vautrés comme des rhinocéros fatigués
dont on peut palper la poche galactique
il y a des volcans pieux qui élèvent des monuments
à la gloire des peuples disparus
il y a des volcans vigilants
des volcans qui dorment
montant la garde au chevet du kraal de peuples endormis
il y a des volcans fantasques qui apparaissent et disparaissent
(ce sont jeux lémuriens)
il ne faut pas oublier ceux qui ne sont pas les moindres
les volcans ~~qu~~ qu'aucune dorsale n'a jamais repérés
et dont de nuit les rancunes se construisent
il y a des volcans dont l'embouchure est à la mesure
exacte de l'antique déchirure

la force de regarder demain

les baisers des météorites
le féroce dépoitraillement des volcans à partir
de jeux d'aigle

la poussée des sous-continents arc-boutés
eux aussi aux passions sous-marines

la montagne qui descend ses cavalcades à grand galop
de roches contagieuses

ma parole capturant des colères
soleils à calculer mon être
   natif natal
        cyclopes violets des cyclones
n'importe l'insolent tison
   silex haut à brûler la nuit
épuisée d'un doute à renaître
la force de regarder demain

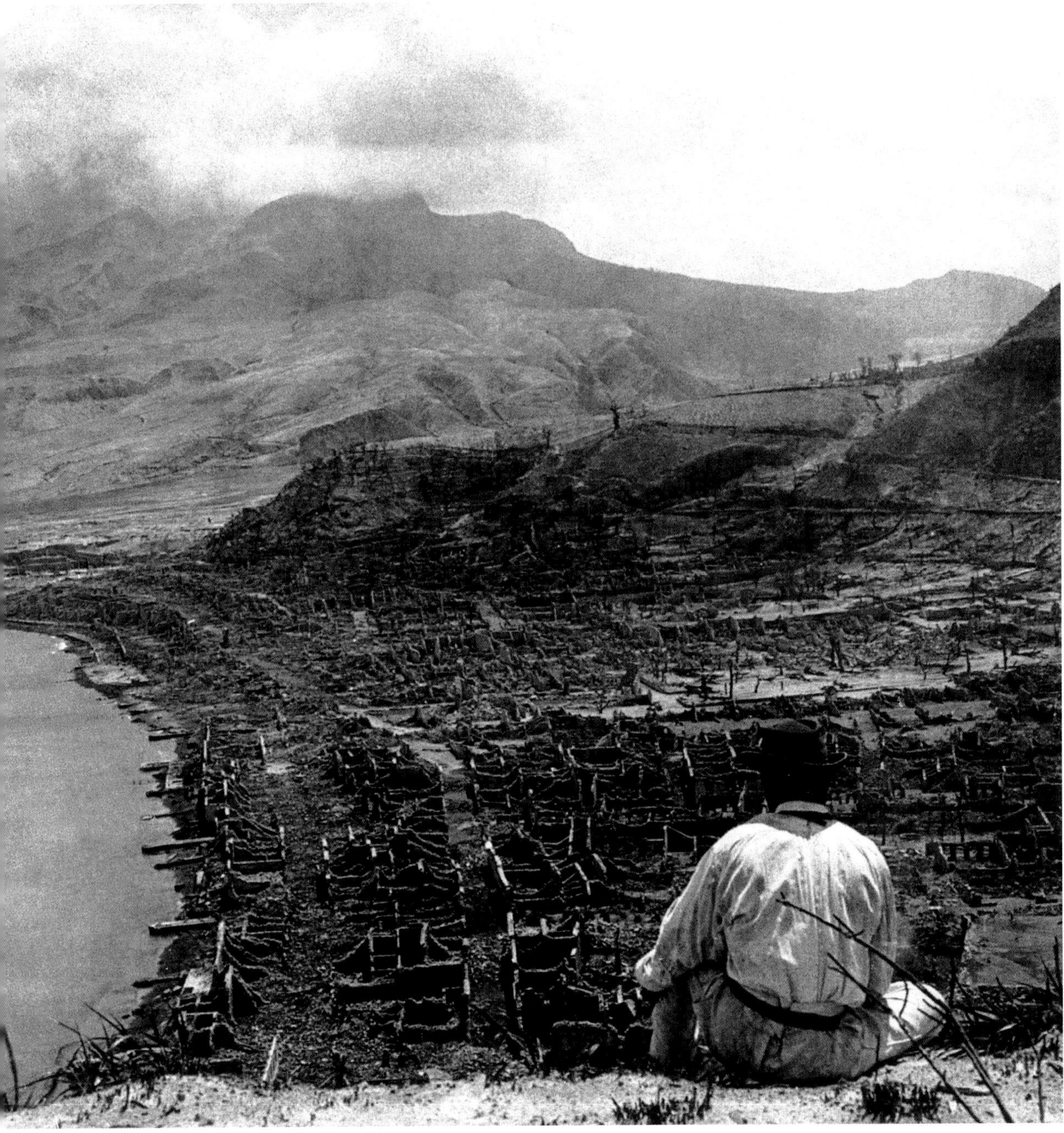

Mujer con pájaros (Femme aux oiseaux), Wifredo Lam, 1955.

AFRIQUES

À force de regarder les arbres je suis devenu un arbre et mes longs
pieds d'arbre ont creusé dans le sol de larges sacs à venin de hautes
villes d'ossements
à force de penser au Congo
je suis devenu un Congo bruissant de forêts et de fleuves
où le fouet claque comme un grand étendard
l'étendard du prophète
où l'eau fait
likouala-likouala
où l'éclair de la colère lance sa hache verdâtre et force les sangliers
de la putréfaction dans la belle orée violente des narines.

à l'Afrique

à Wifredo Lam

Paysan frappe le sol de ta daba
dans le sol il y a une hâte que la syllabe de l'événement
ne dénoue pas
je me souviens de la fameuse peste
il n'y avait pas eu d'étoile annoncière
mais seulement la terre en un flot sans galet pétrissant
d'espace
un pain d'herbe et de réclusion
frappe paysan frappe
le premier jour les oiseaux moururent
le second jour les poissons échouèrent
le troisième jour les animaux sortirent des bois
et faisaient aux villes une grande ceinture chaude très forte
frappe le sol de ta daba
il y a dans le sol la carte des transmutations et des ruses
de la mort
le quatrième jour la végétation se fana
et tout tourna à l'aigre de l'agave à l'acacia
en aigrettes en orgues végétales
où le vent épineux jouait des flûtes et des odeurs tranchantes
Frappe paysan frappe
il naît au ciel des fenêtres qui sont mes yeux giclés
et dont la herse dans ma poitrine fait le rempart d'une
ville qui refuse de donner la passe aux muletiers de la
désespérance Famine et de toi-même houle
ramas où se risque d'un salut la colère du futur
frappe Colère
il y a au pied de nos châteaux-de-fées pour la rencontre
du sang et du paysage la salle de bal où des nains

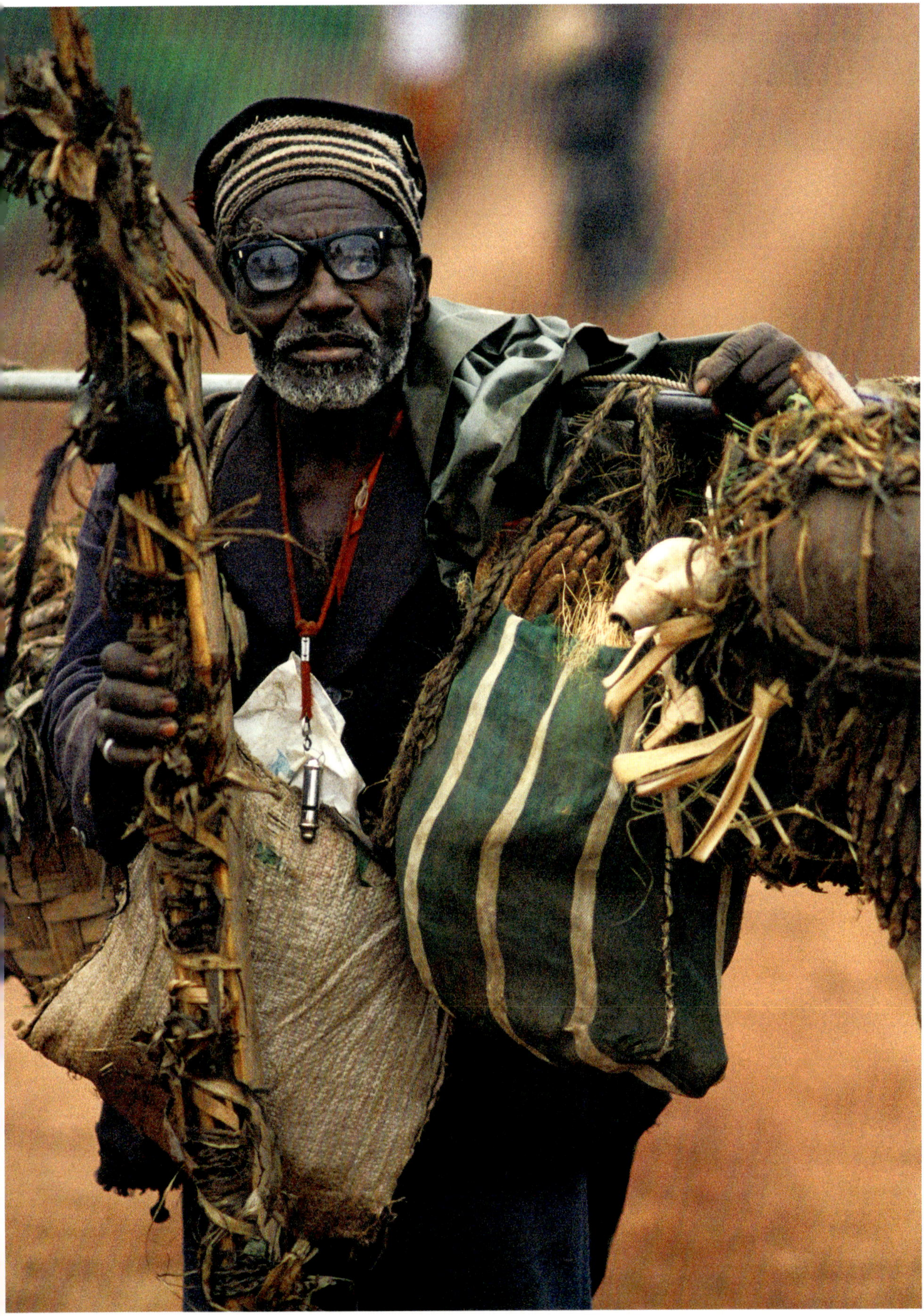

braquant leurs miroirs écoutent dans les plis de la pierre
ou du sel croître le sexe du regard
Paysan pour que débouche de la tête de la montagne celle
que blesse le vent
pour que tiédisse dans sa gorge une gorgée de cloches
pour que ma vague se dévore en sa vague et nous ramène
sur le sable en noyés en chair de goyaves déchirés en une
main d'épure en belles algues en graine volante en bulle
en souvenance en arbre précatoire
soit ton geste une vague qui hurle et se reprend vers le
creux de rocs aimés comme pour parfaire une île rebelle
à naître
il y a dans le sol demain en scrupule et la parole à charger
aussi bien que le silence

Paysan le vent où glissent des carènes arrête autour de
mon visage la main lointaine d'un songe
ton champ dans son saccage éclate debout de monstres
marins
que je n'ai garde d'écarter
et mon geste est pur autant qu'un front d'oubli
frappe paysan je suis ton fils
à l'heure du soleil qui se couche le crépuscule sous ma
paupière clapote vert jaune et tiède d'iguanes inassoupis
mais la belle autruche courrière qui subitement naît des
formes émues de la femme me fait de l'avenir les signes
de l'amitié

le temps de la liberté

Le whisky avait dénoué ses cheveux sales
et flottait sur la force des fusils
la carapace des tanks
et les jurons du juge

Ô jour non lagunaire
plus têtu que le bœuf du pays baoulé
qui a dit que l'Afrique dort
que notre Afrique se cure la gorge
mâche du kola boit de la bière de mil et se
rendort

la TSF du Gouverneur avait colporté ses mensonges
amassé le fiel dans la poche à fiel des journaux
c'était l'an 1950 au mois de février
qui dans le vocabulaire des gens de par ici s'appellera
la saison du soleil rouge

Cavally Sassandra Bandama
petits fleuves au mauvais nez qui à travers vase et pluie
d'un museum incertain cherchez
petits fleuves au ventre gros de cadavres
qui a dit que l'Afrique se terre frissonne
à l'harmattan a peur et se rendort

Histoire je conte l'Afrique qui s'éveille
les hommes
quand sous la mémoire hétéroclite des chicotes
ils entassèrent le noir feu noué
dont la colère traversa comme un ange
l'épaisse nuit verte de la forêt

Histoire je conte
l'Afrique qui a pour armes
ses poings nus son antique sagesse sa raison toute
nouvelle
 Afrique tu n'as pas peur tu combats tu sais
mieux que tu n'as jamais su tu regardes
les yeux dans les yeux des gouverneurs de proie
des banquiers périssables

belle sous l'insulte Afrique et grande de ta haute conscience
et si certain le jour
quand au souffle des hommes les meilleurs aura disparu
la tsé-tsé colonialiste

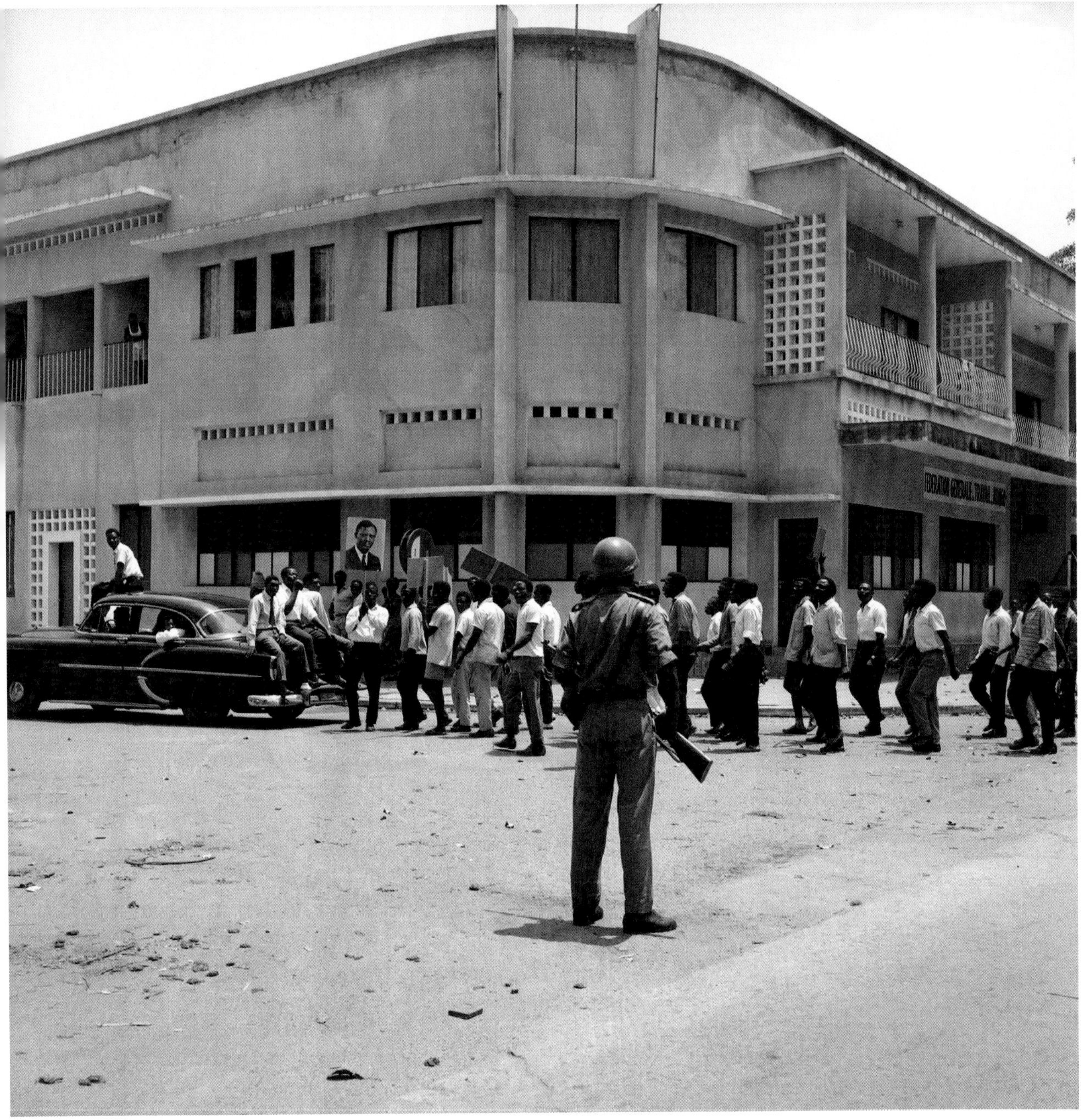

Afrique

ta tiare solaire à coups de crosse enfoncée jusqu'au cou
ils l'ont transformée en carcan; ta voyance
ils l'ont crevée aux yeux; prostitué ta face pudique;
emmuselé, hurlant qu'elle était gutturale,
ta voix, qui parlait dans le silence des ombres.

Afrique,
ne tremble pas le combat est nouveau,
le flot vif de ton sang élabore sans faillir
constante une saison; la nuit c'est aujourd'hui au fond
des mares
le formidable dos instable d'un astre mal endormi,
et poursuis et combats — n'eusses-tu pour conjurer
l'espace que l'espace de ton nom irrité de sécheresse.

Boutis boutis
    terre trouée de boutis
sacquée
    tatouée
        grand corps
massive défigure où le dur groin fouilla

Afrique les jours oubliés qui cheminent toujours
aux coquilles recourbées dans les doutes du regard
jailliront à la face publique parmi d'heureuses ruines,
dans la plaine
l'arbre blanc aux secourables mains ce sera chaque arbre
une tempête d'arbres parmi l'écume non pareille et les sables,

les choses cachées remonteront la pente des musiques endormies,
une plaie d'aujourd'hui est caverne d'orient,
un frissonnement qui sort des noirs feux oubliés, c'est,
des flétrissures jailli de la cendre des paroles amères
de cicatrices, tout lisse et nouveau, un visage
de jadis, caché oiseau craché, oiseau frère du soleil.

pour saluer le Tiers Monde

à Léopold Sédar Senghor

Ah !
mon demi-sommeil d'île si trouble
sur la mer !

Et voici de tous les points du péril
l'histoire qui me fait le signe que j'attendais,
Je vois pousser des nations.
Vertes et rouges, je vous salue,
bannières, gorges du vent ancien,
Mali, Guinée, Ghana

et je vous vois, hommes,
point maladroits sous ce soleil nouveau !

Écoutez :
    de mon île lointaine
    de mon île veilleuse
je vous dis Hoo !
    Et vos voix me répondent
    et ce qu'elles disent signifie :
« Il y fait clair. » Et c'est vrai :
même à travers orage et nuit
pour nous il y fait clair.
D'ici je vois Kiwu vers Tanganika descendre
par l'escalier d'argent de la Ruzizi
(c'est la grande fille à chaque pas
baignant la nuit d'un frisson de cheveux)

d'ici, je vois noués
Bénoué, Logone et Tchad ;
liés, Sénégal et Niger.
Rugir, silence et nuit rugir, d'ici j'entends
rugir le Nyaragongo.

De la haine, oui, ou le ban ou la barre
et l'arroi qui grunnit, mais
d'un roide vent, nous contus, j'ai vu
décroître la gueule négrière !

Je vois l'Afrique multiple et une
verticale dans la tumultueuse péripétie
avec ses bourrelets, ses nodules,
un peu à part, mais à portée
du siècle, comme un cœur de réserve.

Et je redis : Hoo mère !
        et je lève ma force
          inclinant ma face.
            Oh ma terre !
que je me l'émiette doucement entre pouce
et index
que je m'en frotte la poitrine, le bras,
le bras gauche,
que je m'en caresse le bras droit.

Hoo ma terre est bonne,
    ta voix aussi est bonne
      avec cet apaisement que donne
        un lever de soleil !

Terre, forge et silo. Terre enseignant nos routes,
c'est ici, qu'une vérité s'avise,
taisant l'oripeau du vieil éclat cruel.

Vois :
    l'Afrique n'est plus
    au diamant du malheur
        un noir cœur qui se strie ;

notre Afrique est une main hors du ceste,
c'est une main droite, la paume devant
et les doigts bien serrés ;

c'est une main tuméfiée,
une-blessée-main-ouverte,
tendue,
    brunes, jaunes, blanches,
à toutes mains, à toutes les mains blessées
du monde.

Léopold Sédar Senghor et Aimé Césaire
à la mairie de Fort-de-France.

Éthiopie...

à Alioune Diop

et je vis ce conte byzantin
publié par les pluies
sur les fortes épaules de la montagne
dans l'alphabet fantasque de l'eucalyptus

et de vrai
au nom du baobab et du palmier
de mon cœur Sénégal et de mon cœur d'îles
je saluai avec pureté l'eucalyptus
du fin fond scrupuleux de mon cœur végétal

et il y eut
les hommes
c'étaient dieux chlamyde au vent
et bâton en avant
descendant d'un Olympe de Nil bleu
et les femmes étaient reines
reines d'ébène polie
prêtées par le miel de la nuit
et dévorées d'ivoire
Reine de Saba Reine de Saba
qu'en dit l'oiseau Simmorg-Anka ?

Éthiopie
belle comme ton écriture étrange
qui avance dans le mystère telle un arbre
d'épiphytes chargé
parmi l'ardoise du ciel
   ni prince ni bouche du prince
      je me présente

moi quinze dépouilles viriles
trois éléphants
dix lions

Ce sont plus terribles que lions roux
du Harrar vie
domptée angoisses et goules de nuit
rêves vingt cicatrices
et j'ai vu les trahisons obliques dans le brouillard
me charger en un troupeau de buffles

       Ehô Éthiopie-Mère
ni prince ni bouche du prince
blessure après balafre
mais cette folle face de noyé qui se raccroche
à l'arche
Reine de Saba Reine de Saba
serai-je l'oiseau Simmorg-Anka ?

et il y eut les rues les souks les mules
les buveurs de *tedj* les mangeurs d'*ingera*
ceux d'Entoto ceux d'Abba Dina
plus loin
à l'océane racine du poumon de mon cri
des îles s'effritant
rochers kystes bavants
saquant rivées au pieu
les îles qui à ma parole
mécroient
Reine du Matin Reine de Saba
Où vit l'oiseau Simmorg-Anka ?

Et je fus Éthiopie ton pêle-mêle
tendre d'encens brûlé et de colère
À Saint-Guiorguis
de grands spasmes bruns d'âpres baisers raclaient
les seuils obtus de Dieu et ses ferrures de cuivre
À Baata Menelik sommeillait
à sa porte croisâmes noir et bleu
un Galla mon destin masqué
farouche et doux comme sa sagaie
Reine du Midi Reine de Saba
ci-gît l'oiseau Simmorg-Anka

Or du Kraal assiégé de sa gorge lointaine
Miriam Makeba chanta au lion
parcourue d'un sillage ondulant aux épaules
un lac de maïs fauve flairé par âcre vent
                    (Reine ô Belkis Makeda !)
et subitement l'Afrique parla
ce fut pour nous an neuf
l'Afrique selon l'us
de chacun nous balaya le seuil d'une torche enflammée
reliant la nuit traquée
et toutes les nuits mutilées
de l'amère marée des nègres inconsolés
au plein ciel violet piqué de feux

Elle dit : « *l'homme au fusil encore chaud*
est mort hier. Hier le convoiteux sans frein
piétineur piétinant saccageur saccageant
hier est bien mort hier. »

... l'Afrique parlait en une langue sacrée
où le même mot signifiait
couteau des pluies sang de taureau
nerf et tendon du dieu caché

lichen profond lâcher d'oiseaux

Marcheuse des îles, Wifredo Lam, 1944.

ELLES

voum rooh oh
pour que revienne le temps de promission
et l'oiseau qui savait mon nom
et la femme qui avait mille noms
de fontaine de soleil et de pleurs
et ses cheveux d'alevin
et ses pas mes climats
et ses yeux mes saisons
et les jours sans nuisance
et les nuits sans offense
et les étoiles de confidence
et le vent de connivence

l'amante et le rebelle
(et les chiens se taisaient)

L'amante se précipite dans la cellule.

L'amante : mon ami !

Le rebelle se libère doucement d'elle.

Le rebelle : trop tard il est trop tard
mon amie je n'y suis pour personne
pour personne.

L'amante : si jamais tu m'as aimée, si jamais...

Le rebelle : quand le vent d'obsidienne passe
pourquoi l'alourdir d'un mot violent ?

L'amante : le destin, je le sais, est un cheval qui s'emballe
mais peut-être un cri d'enfant
le cri de ton enfant...

Le rebelle : ... né de mon sang le plus impétueux
du zénith de mon amour
tout plein de ma fougue en son plein
je le nourrirai d'un grand exemple.

L'amante : ce n'est pas d'exemples
c'est de pain, de soins, de veilles qu'il faut nourrir, oui de tendresses chaudes,
de présence tremblante...

Le rebelle : et pour cela ?

L'amante : et pour cela il faut vivre.

Le rebelle : Ah, oui, de cette vie que vous tous m'offrez :
merci. Ah c'est cela qui tous vous perd
et le pays se perd de vouloir à tout prix se justifier d'accepter l'inacceptable.
Je veux être celui qui refuse l'inacceptable.
Dans votre vie de compromis je veux bâtir,
moi, de dacite coiffé de vent,
le monument sans oiseaux du Refus.

L'amante : l'absolu, mon absolu à moi, c'est la vie
c'est le soleil, c'est toi. C'est moi, c'est notre enfant
qui veut être, et que tu sacrifies à des chimères.

Le rebelle : Des chimères ? Parce que le soleil tarde,
doutes-tu qu'il se lève ?

L'amante : il se lève tous les jours.

Le rebelle : le nôtre aussi… tous les jours… chaque jour de proche en proche vers un zénith
il monte, gagnant à travers des milliers de cœurs.

L'amante : des mots ! Ce sont des mots que tu dis là !
Avoue, tu joues à te sculpter une belle mort,
mais je suis celle qui se met au travers du jeu et hurle !

Le rebelle : Femme, ne m'affaiblis pas de parole querelleuses,
c'est grand jour aujourd'hui, laisse-moi grand courage.

L'amante : tu feins ! mais au fond de toi-même tu sais bien que les choses ne changeront pas.

Est-ce que le sang sera moins hésitant ?
Est-ce que l'homme sera jamais plus proche que l'arbre du paysage ?

Le rebelle : Évidemment on peut se dire ça
évidemment il faut se dire ça
mais après !
Avant, c'est un prétexte !
Et il ne me convient pas que l'on se donne des prétextes
pour se dispenser de chercher.
Assez !

L'amante : tu le vois bien, tu n'as même pas la foi.
Rien que ton orgueil
et c'est à ce dieu que tu sacrifies !
De quelle lumière t'illumine-t-il ?
Quelle eau rafraîchissante te dispense-t-il ?
Ton dieu n'est qu'un morceau d'idée
que l'habitude a coincé dans ton cerveau têtu.

Le rebelle : je t'en prie, tais-toi.

L'amante : je ne me tairai point
je ne m'en découvre pas le droit
j'assombrirai jusqu'à la nuit d'une furieuse fumée
de cris, à la rendre irrespirable à la narine têtue.

Le rebelle : Mon amie… mon amie des jours difficiles,
sois mon amie du dernier combat.
Mon fils ?
Eh bien tu lui diras la grande lutte
trois siècles de nuit amère conjurés contre nous.
Dis-lui que je n'ai pas voulu que ce pays fût seulement
une pâture pour l'œil, la grossière nourriture du spectacle,
je veux dire ce confus amas de collines coupé de langues d'eau !

L'amante : Oui qu'il fût autre chose : un hurlement de veuve,
un gémissement d'orphelin !

Le rebelle : Dis-lui,
comment dirais-je ?
Femme
je ne sais quel gré ce peuple me saura
mais je sais qu'il lui fallait autre chose qu'un commencement
quelque chose comme une naissance.
Que de mon sang oui, que de mon sang
je fonde ce peuple
et toi…

L'amante : Que je te laisse mourir ?
Embrasse-moi le monde est jeune.

Le rebelle : Ô comme le monde est fragile.

L'amante : Embrasse-moi : l'air comme un pain se dore et lève.

Le rebelle : comme le monde est solennel !

L'amante : Embrasse-moi : le monde flue d'aigrettes, de palmes de spicenards, de désirs de canéfices.

Le rebelle : Oh le monde est mat de chevaux cabrés.

L'amante : Embrasse-moi, embrasse-moi ; dans mes yeux les mondes se font et se défont ; j'entends des musiques de mondes… les chevaux approchent… un paquet de frisson gave le vent charnel de venaisons…

la mère et le rebelle
(et les chiens se taisaient)

Le rebelle : Femme...

La mère jusqu'ici immobile écarte l'Amante.

La mère : Et la plus malheureuse est à tes pieds

Le rebelle : À mes pieds ? Je ne parle depuis longtemps qu'à celle qui fait que la nuit est vivante et le jour feuillu.

Le demi-chœur : Celle qui fait du matin un ruisseau de jonques bleues ?

Le demi-chœur : Celle qui fait...

Le rebelle : que le silex est impardonnable. Femme du couchant femme sans rencontre, qu'avons-nous à nous dire ? À l'heure rouge des requins, à l'heure rouge des nostalgies, à l'heure rouge des miracles, j'ai rencontré la *Liberté*.
Et la mort n'était pas hargneuse mais douce
aux mains de palissandre et de jeune fille nubile
aux mains de charpie et de fonio
douce
nous étions là
et une virginité saignait cette nuit-là
timonier de la nuit peuplée de soleils et d'arcs-en-ciel
timonier de la mer et de la mort
liberté ô ma grande bringue les jambes poisseuses du sang neuf
ton cri d'oiseau surpris et de fascine
et de chabine au fond des eaux
et d'aubier et d'épreuve et de letchi triomphant
et de sacrilège
rampe rampe

ma grande fille peuplée de chevaux et de feuillages
et de hasards et de connaissances
et d'héritage et de sources
sur la pointe de tes amours sur la pointe de tes retards
sur la pointe de tes cantiques
de tes lampes
sur tes pointes d'insectes et de racines
rampe grand frai ivre de dogues de mâtins et de marcassins
de bothrops lancéolés et d'incendies
à la déroute de l'exemple scrofuleux des cataplasmes.

La mère : Ô mon fils mal éclos.

Le rebelle : Quelle est celle qui me trouble sur le seuil du repos ? Ah, il te fallait un fils trahi et vendu... et tu m'as choisi... Merci.

La mère : Mon fils.

Le rebelle : Et il fallait aussi n'est-ce pas à ceux qui t'ont envoyée, il leur fallait mieux que ma défaite, mieux que ma poitrine qui se rompt, il leur fallait mon *oui*... Et ils t'ont envoyée. Merci.

La mère : tourne la tête et me regarde.

Le rebelle : mon amie, mon amie
est-ce ma faute si par bouffées du fond des âges, plus rouge que n'est noir mon fusc, me montent et me colorent et me couvrent la honte des années, le rouge des années et l'intempérie des jours
la pluie des jours de pacotille
l'insolence des jours de sauterelle
l'aboi des jours de dogue au museau plus verni que le sel

je suis prêt
sonore à tous les bruits et plein de confluences
j'ai tendu ma peau noire comme une peau de bourrique.

La mère : cœur plein de combat, cœur sans lait.

Le rebelle : Mère sans foi

La mère : mon enfant... donne-moi la main... laisse pousser dans ma main ta main redevenue simple.

Le rebelle : le tam-tam halète. le tam-tam éructe. le tam-tam crache des sauterelles de feu et de sang. Ma main aussi est pleine de sang.

La mère, *effrayée* : tes yeux sont pleins de sang.

Le rebelle : Je ne suis pas un cœur aride. Je ne suis pas un cœur sans pitié.
Je suis un homme de soif bonne qui circule fou autour de mares empoisonnées.

La mère : Non... sur le désert salé, et pas une étoile sauf le gibet à mutins et des membres noirs aux crocs du vent.

Le rebelle, *ricanant* : Ha, Ha, quelle revanche pour les Blancs. La mer indocile... le grimoire des signes... la famine, le désespoir... Mais non, on t'aura menti, et la mer est feuillue, et je lis du haut de son faîte un pays magnifique, plein de soleil... de perroquets... de fruits... d'eau douce... d'arbres à pain.

La mère : ... un désert de béton, de camphre, d'acier, de charpie, de marais désinfectés, un lieu lourd miné d'yeux de flammes et de champignons...

Le rebelle : Un pays d'anses, de palmes, de pandanus... un pays de main ouverte...

La mère : Voyez, il n'obéit pas... il ne renonce pas à sa vengeance mauvaise... il ne désarme pas.

Le rebelle, *dur :* Mon nom : offensé ; mon prénom : humilié ; mon état : révolté ; mon âge : l'âge de la pierre.

La mère : Ma race : la race humaine. Ma religion : la fraternité...

Le rebelle : Ma race : la race tombée. Ma religion...
mais ce n'est pas vous qui la préparerez avec votre désarmement...
c'est moi avec ma révolte et mes pauvres poings serrés et ma tête hirsute.

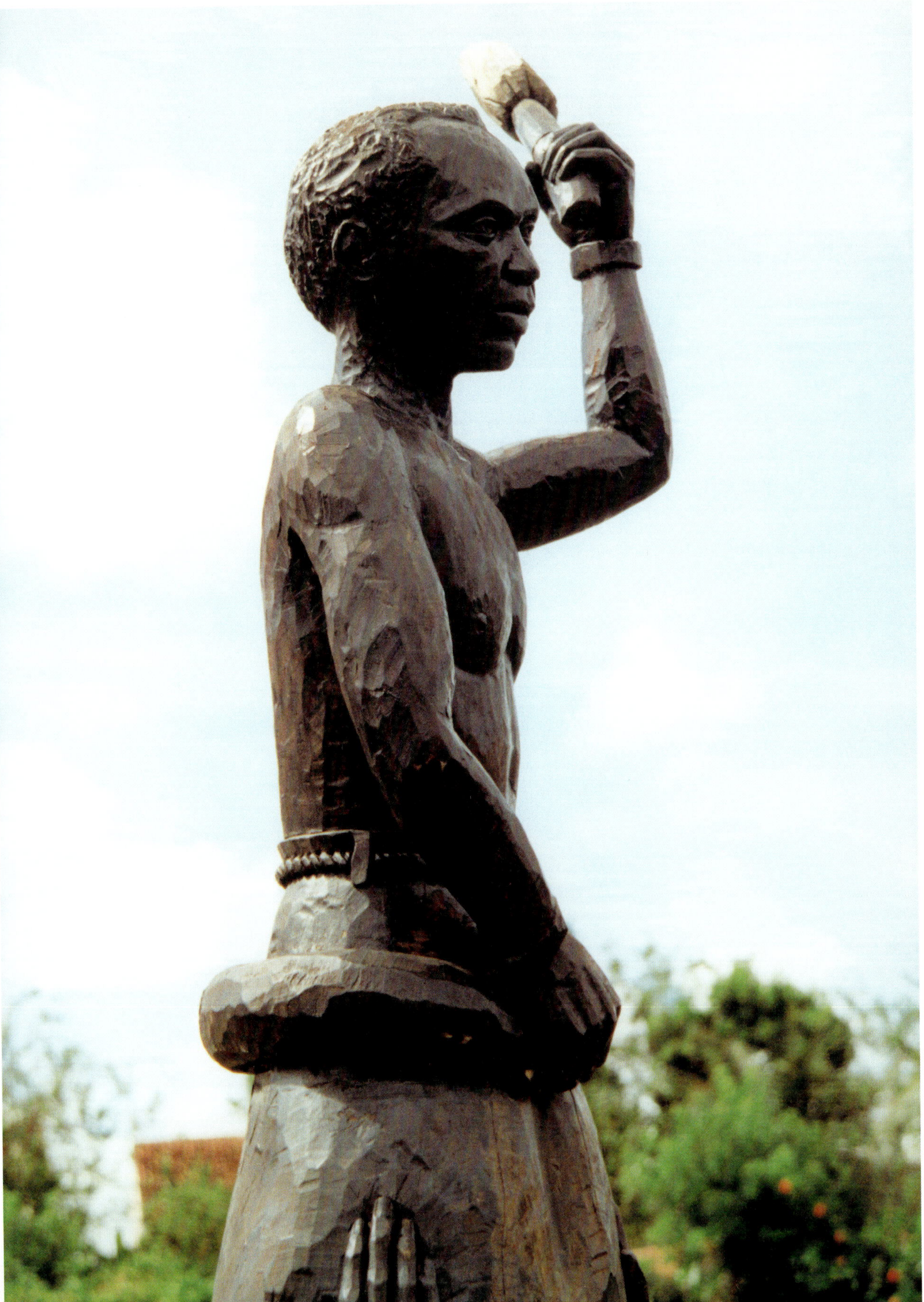

fils de la foudre

Et sans qu'elle ait daigné séduire les geôliers
à son corsage s'est délité un bouquet d'oiseaux-mouches
à ses oreilles ont germé des bourgeons d'atolls
elle me parle une langue si douce que tout d'abord je ne
comprends pas mais à la longue je devine qu'elle m'affirme
que le printemps est arrivé à contre-courant
que toute soif est étanchée que l'automne nous est concilié
que les étoiles dans la rue ont fleuri en plein midi
et très bas suspendent leurs fruits

Suzanne Césaire.

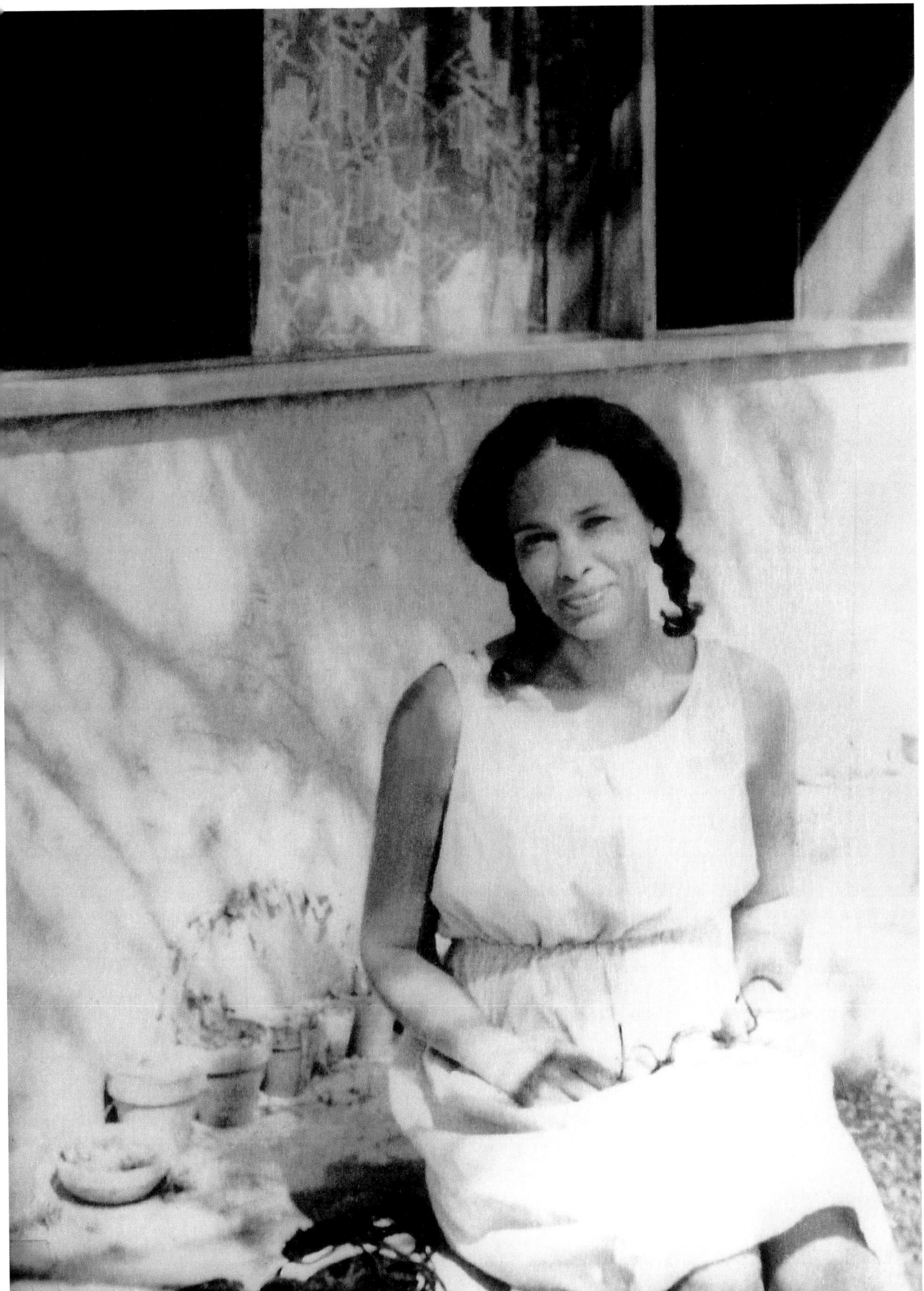

samba

Tout ce qui d'anse s'est agglutiné pour former tes seins
toutes les cloches d'hibiscus toutes les huîtres perlières
toutes les pistes brouillées qui forment une mangrove
tout ce qu'il y a de soleil en réserve dans les lézards de
la sierra tout ce qu'il faut d'iode pour faire un jour marin
tout ce qu'il faut de nacre pour dessiner un bruit
de conque sous-marine
Si tu voulais
    les tétrodons à la dérive iraient se donnant la main
Si tu voulais
    tout le long du jour les péronias de leurs queues
    feraient des routes et les évêques seraient si rares
    qu'on ne serait pas surpris d'apprendre qu'ils ont été
    avalés par les crosses des trichomans
Si tu voulais
    la force psychique
    assurerait toute seule la nuit d'un balisage d'araras
Si tu voulais
    dans les faubourgs qui furent pauvres les norias
    remonteraient avec dans les godets le parfum des
    bruits les plus neufs dont se grise la terre dans
    ses plis infernaux
Si tu voulais
    les fauves boiraient aux fontaines
et dans nos têtes
les patries de terre violente
tendraient comme un doigt aux oiseaux l'allure sans
secousse des hauts mélèzes

ferrements

le périple ligote emporte tous les chemins
seule la brume garde ses bras ramène la ville au port en
palanquin

et toi c'est une vague qui à mes pieds t'apporte
ce bateau-là au fait dans le demi-jour d'un demi-sommeil
toujours je le connus

tiens-moi bien fort aux épaules aux reins

        esclaves

c'est son hennissement tiède l'écume
l'eau des criques boueuse et cette douleur puis rien
où nous deux dans le flanc de la nuit gluante aujourd'hui
comme jadis
esclaves arrimés de cœurs lourds
tout de même ma chère tout de même nous cinglons
à peine un peu moins écœurés aux tangages

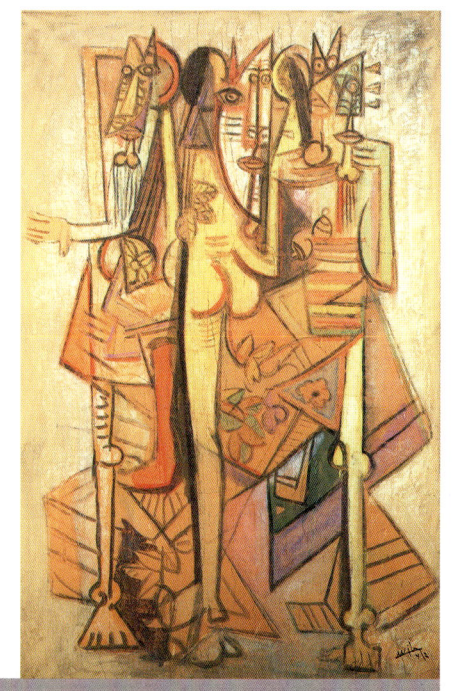

La Réunion (Groupe),
Wifredo Lam, 1942.

séisme

tant de grands pans de rêve
de parties d'intimes patries
                    effondrées
tombées vides et le sillage sali sonore de l'idée
et nous deux ? quoi nous deux ?
À peu près l'histoire de la famille rescapée du désastre :
« Dans l'odeur de vieille couleuvre de nos sangs nous
fuyions
la vallée, le village nous poursuivait avec sur nos talons
des lions de pierre rugissants. »
Sommeil, mauvais sommeil, mauvais réveil du cœur
le tien sur le mien vaisselle ébréchée empilée dans
le creux tanguant
des méridiens.
Essayer des mots ? Leur frottement pour conjurer
l'informe comme les insectes de nuit leurs élytres
de démence ?
Pris pris pris hors mensonges pris
pris pris pris
        rôlés précipités
        selon rien

sinon l'abrupte persistance mal lue
de nos vrais noms, nos noms miraculeux
jusqu'ici dans la réserve d'un oubli
gîtant.

Figure de femme,
Wifredo Lam, 1944.

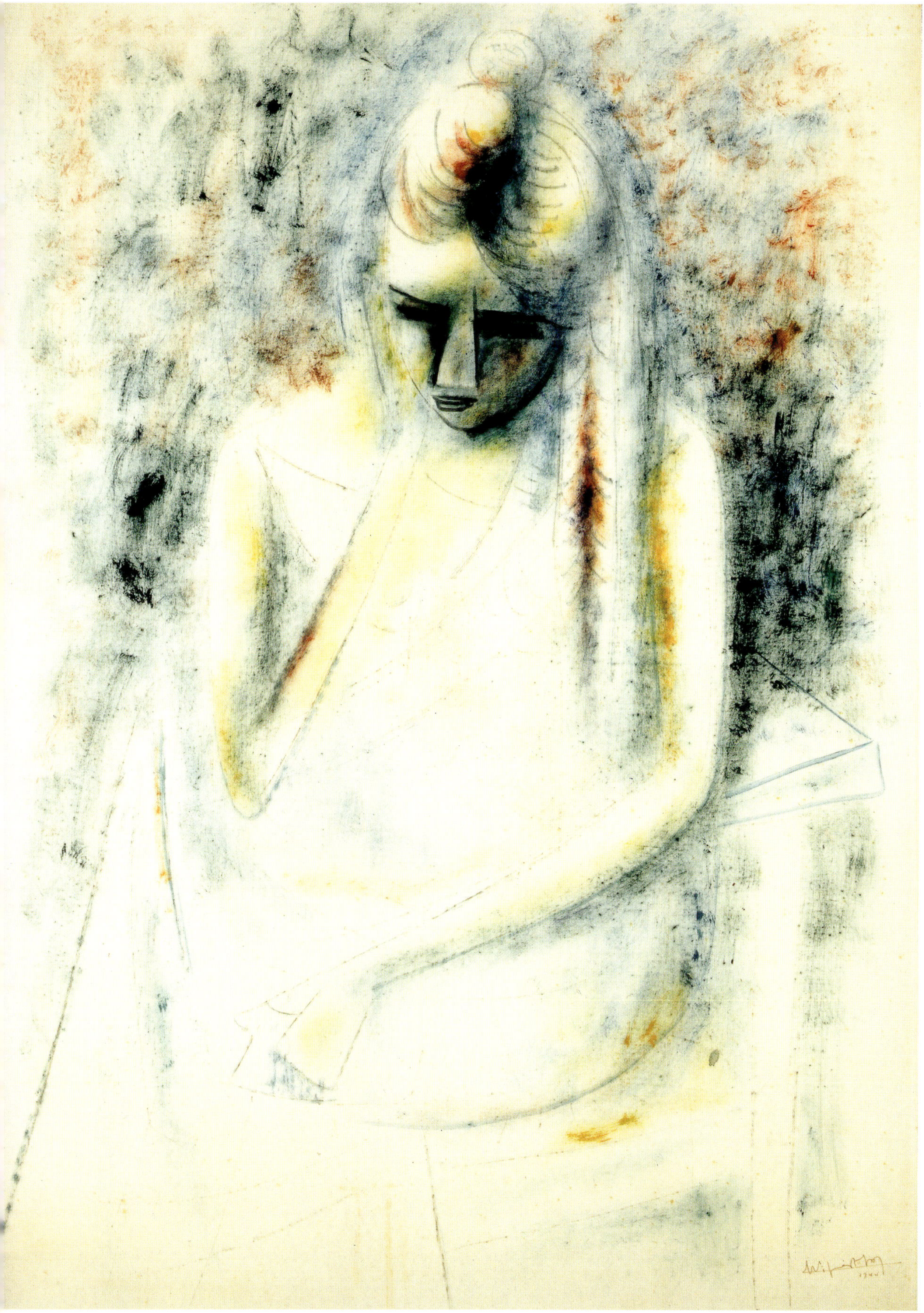

danse de Lumumba et Hélène Bijou *(Une saison au Congo)*

Scène 6

Bar « Chez Cassian » Lumumba et Hélène Bijou dansent dans une pénombre rose et verte.

Hélène : Je danse choses d'ombre caverneuse aux ronces d'exil le feu du sang foisonnement pris, vif de serpents.

Lumumba : Je danse l'affleurement de l'homme et sa salive, le sel ! Et l'homme seul, au profond de soi-seul, éprouve dans le dégoût sa chair de cassave fade.

Hélène : Je danse la fleur pavonie qui fait la roue autour du soleil quand chaque battement du cil de l'astre avive le violet lisse du sang facile.

Lumumba : Je danse le très haut vaisseau gouvernant de son bord armorié la panique du Désir ; c'est l'oiseau pavonie et la pavane.

Hélène : Je danse l'allégresse, aux semailles du soleil, de l'incongrue petite pluie plantant son rire de cuivre défait dans la chair surette de la mer.

Lumumba : Je danse l'insecte plus beau que tout nom qui au tesson du fruit mûr installe orfèvrerie de jais et d'obsidienne, sa lassitude repue.

Hélène : Voilà notre danse dansée et le refrain qui ferme sa corolle comme, fière d'avoir soutenu l'insoutenable, se ferme, incendiée et comblée, la fleur pavonie.

Lumumba : C'est bien, Bijou ! voilà dansée la danse de ma vie !
Bijou, quand je ne serai plus ;
quand je me serai défait, comme dans le ciel nocturne, l'aveuglant météore aveugle, quand le Congo ne sera plus qu'une saison que le sang assaisonne
continue à être belle
ne gardant du temps épouvantable
que les quelques gouttes de rosée
qui rendent plus émouvante
d'avoir traversé l'orage.
l'aigrette du colibri.
Allons, amie, point de tristesse : dansons jusqu'à l'aube et me donne le cœur à marcher jusqu'au bout de la nuit !

foyer...

mémoire honorant le paysage
décompte
le foyer nourrit à s'y méprendre l'équité d'un cratère
un souvenir de peau très douce ne s'interdit pas
aux paumes d'un automne

Aimé Césaire et Wifredo Lam chez les Thésée, à Paris.

PRÉSENCES

Tutélaire
(POÈME DÉDIÉ À LA MÈRE D'AIMÉ CÉSAIRE)

De verre
de ponces
de vols épars d'oiseaux
à travers la dentelle hurlant
toute île est des Telchines
féroces tourneurs en rond
        Alors
chevauchant l'étincelle
que les fées entrelacent leurs cerceaux de palombes

Dressée à les frapper au mufle et les faire reculer
je ne vois que toi
en face des monstres jaillie

Toi contre les cyclones
toi contre la vague dévorante
toi contre l'avancée des volcans et leur alerte de pieuvres
toi contre les malebêtes de la nuit
toi les défiant d'un geste plus fou
l'outrage et le prodige
    toi toi toi
Grande ombre tendre
hagarde d'un dernier et tutélaire regard

annonciation

à André Breton

Des sangs nouveaux de mokatine sonnant à la viande s'accrochent aux branches du soleil végétal, ils attendent leur tour.

Un mouvement de palmes dessine le corps futur des porteuses aux seins jaunes moisson germante de tous les cœurs révélés.

Le pitt du flambeau descendant jusqu'à l'extrême pointe fait à la faiblesse de la ville une rosace amicale amarrée de lianes jeunes au vrai soleil de vrai feu de terre vraie : annonciation.

Pour l'annonciation des porteuses de palmiers de mokatine amarrés au soleil du pitt de flambeaux — œil vert bagué de jaune d'oxyde chargé de lunes œil de lune chargé de torches — œil des torches tordez l'engrais discret des lacs dénoués.

André Breton.

tam-tam I

à Benjamin Péret

à même le fleuve de sang de terre
à même le sang de soleil brisé
à même le sang d'un cent de clous de soleil
à même le sang du suicide des bêtes à feu
à même le sang de cendre le sang de sel le sang des sangs
      d'amour
à même le sang incendié d'oiseau feu
hérons et faucons
montez et brûlez

André Breton, Paul Eluard,
Tristan Tzara, et Benjamin Péret.

tombeau de Paul Eluard

Blason de coups sur le corps brisé des songes
       matin premier des neiges
       aujourd'hui
très informe quand tous feux éteints
s'éboulent les paysages
sur les bancs de sable les plus lointains
les sirènes des bateaux-phares sifflent depuis deux nuits
       Paul ELUARD est mort

toi qui fus le dit de l'innocence
qui rendis science aux sources
étendard de la fragile graine dans les combats
du vent plus forte que le hasard
ELUARD
ni tu ne gis
ni tu n'accèdes à terre plus pure
que de ces paupières
       que de ces simples gens
       que de ces larmes
dans lesquelles écartant les plus fines herbes du brouillard
tu te promènes très clair
ressoudant les mains
croisant des routes
récusant la parole violette des naufrageurs de l'aube
grimpés sur le soleil

Il est quand même par trop saisissant de t'entendre
remonter la grande rosace du temps
on ne t'a jamais vu si net et proche
que dans cette effervescence
du pain de la neige qui lève quand une échéance autorise
dans le fin fond fumant de l'engrais de l'orage

un abîme de silex
ELUARD
cavalier des yeux des hommes pour qui luit
véridique le point d'eau à brouter du mirage
doux sévère intègre dur
quand de proche en proche du mettais pied à terre
pour surprendre confondus
la mort de l'impossible et le mot du printemps

Capitaine de la bonté du pain
il a passé sous les ciels combattant
de sa voix traversée de la fleur inflexible du fléau méridien

et son pas des grands-routes
panifiant l'avenir
d'un tremblement de monstres vomi par les narines
insiste que dans l'oreillette gauche de chaque prisonnier
s'enflamment

d'un même cœur
tout le bois mort du monde et la forêt qui chante

Écoute
    déchiffreur
sous tes paupières tu ne fais jamais nuit ayant
pour mieux voir jour et nuit
jeté aux feux-croisés des remous du pavé
le faux feu que chasse le sacre des pierreries

Arpenteur mesureur du plus large horizon
guetteur sous les caves d'un feu sous les évents
sur les mers grises salueur des plus subtils flocons

ô temps par ta langue opulent
à cette heure l'eau brille l'homme comme l'eau des
prairies brillera
le voilà qui vers lui siffle la docilité d'une saison
feuillue

Regarde basilic

le briseur de regards aujourd'hui te regarde
qu'un soir impur de banquises dans ses doigts réchauffa
comme le secret de l'été

Raison
    quelles surprises de racines
    t'enlaceront ce soir
    ou le torrent
               descendrais-tu déjà
    l'autre face du partage
une surdité épaissit en vain la veille sans miracle
de ses yeux crevés le roc sort ses oiseaux

ô meute capricorne
les mots leurs pouls battent on les sait fabuleux
allaités hors temps par une main volière les paroles
tombées
ramassées les saisons pliées arrondies comme des portes
saisons
saisons pour lui cochères

ELUARD

pour conserver ton corps
grimpeur de nul rituel
sur le jade de tes propres mots que l'on t'étende simple

conjuré par la chaleur de la vie triomphante
selon la bouche operculée de ton silence
et l'amnistie haute des coquillages

Paul Eluard.

Léon G. Damas feu sombre toujours...
(in memoriam)

des promesses qui éclatent en petites fusées
de pollens fous
des fruits déchirés
   ivres de leur propre déhiscence
la fureur de donner vie à un écroulement de paysages
(les aperçus devenant l'espace d'un instant
l'espace entier et toute la mémoire reconquise)
une donne de trésors moins abyssaux
que révélés (et dévoilés tellement amicaux)

et puis ces détonations de bambous annonçant sans répit
une nouvelle dont on ne saisit rien sur le coup
sinon le coup au cœur que je ne connais que trop

soleils
oiseaux d'enfance déserteurs de son hoquet
je vois les négritudes obstinées
les fidélités fraternelles
la nostalgie fertile
la réhabilitation de délires très anciens
je vois toutes les étoiles de jadis qui renaissent et sautent
de leur site ruiniforme
je vois toute une nuit de ragtime et de blues
traversée d'un pêle-mêle de rires
et de sanglots d'enfants abandonnés

Aimé Césaire et Léon Damas à Fort-de-France.

et toi

qu'est-ce que tu peux bien faire là
noctambule à n'y pas croire de cette nuit vraie
salutaire ricanement forcené des confins
à l'horizon de mon salut

frère
   feu sombre toujours

par tous mots guerrier-silex

le désordre s'organise évalueur des collines
sous la surveillance d'arbres à hauts talons
implacables pour tout mufle privé
de la rigueur des buffles

ça

le ça déglutit rumine digère
je sais la merde (et sa quadrature)
mais merde

que zèle aux ailes nourrisse le charognard bec
la pouture sans scrupules
tant le cœur nous défaut
faux le rêve si péremptoire la ronde
de ce côté du moins s'exsude
tout le soleil emmagasiné à l'envers
du désastre

car
    œil intact de la tempête

aurore
    ozone
        zone orogène
par quelques-uns des mots obsédant une
torpeur et l'accueil et l'éveil de chacun de
nos maux
je t'énonce
    FANON
tu rayes le fer
tu rayes le barreau des prisons
tu rayes le regard des bourreaux
guerrier-silex
    vomi
par la gueule du serpent de la mangrove

Frantz Fanon

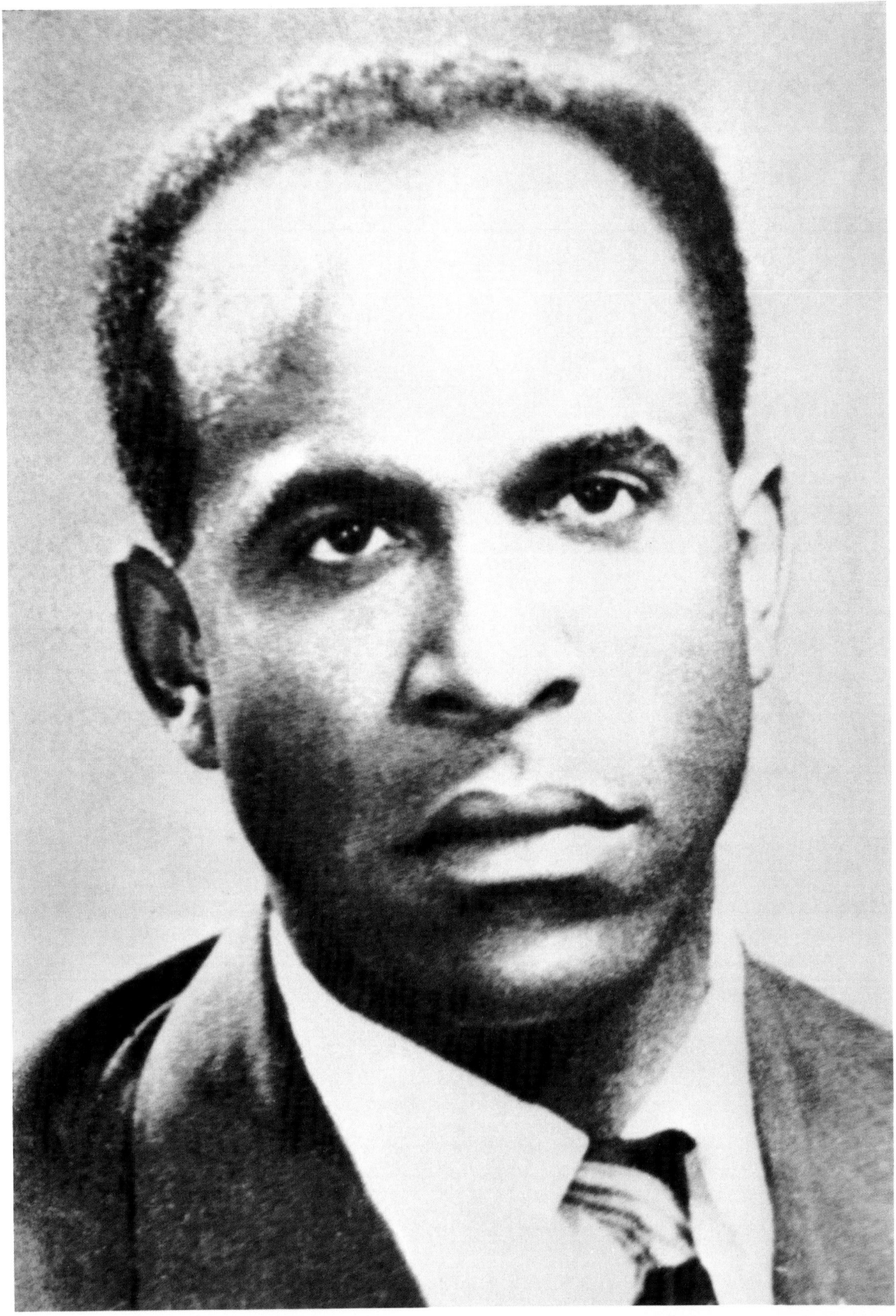

quand Miguel Angel Asturias disparut

    bon batteur de silex
jeteur à toute volée de grains d'or dans
l'épaisse crinière de la nuit hippocampe
ensemenceur dément de diamants
    brise-hache comme nul arbre dans
la forêt
Miguel Angel s'asseyait à même le sol
disposant un grigri dans l'osselet de ses
mots
    quatre mots de soleil blanc
    quatre mots de ceiba rouge
    quatre mots de serpent corail

Miguel Angel se versait une rasade
de tafia d'étoiles macérées neuf nuits
à bouillir dans le gueuloir non éteint des
volcans
et leur trachée d'obsidienne

Miguel Angel contemplait dans le fond de
ses yeux
les graines montant gravement à leur profil
d'arbres

Miguel Angel de sa plume caressait
la grande calotte des vents et le vortex polaire

Miguel Angel allumait de pins verts
les perroquets à tête bleue de la nuit

Miguel Angel perfusait d'un sang d'étoiles
de lait
de veines diaprées et de ramages
de lumières
la grise empreinte
de l'heure du jour des jours du temps des
temps

    et puis
Miguel Angel déchaînait ses musiques
sévères
une musique d'arc
une musique de vagues et de calebasses
une musique de gémissements de rivières
ponctuée des coups de canon des fruits du
couroupite
et les burins de quartz se mettaient à
frapper
les aiguilles de jade réveillaient les couteaux
de silex
et les arbres à résine

ô Miguel Angel sorcier des vers luisants

le saman basculait empêtré de ses bras fous
avec toutes ses pendeloques de machines
éperdues
avec le petit rire de la mer très doux
dans le cou chatouilleux des criques
et l'amitié minutieuse du Grand Vent

quand les flèches de la mort atteignirent
Miguel Angel
on ne le vit point couché
mais bien plutôt déplier sa grande taille
au fond du lac qui s'illumina

Miguel Angel immergea sa peau d'homme
　　et revêtit sa peau de dauphin

Miguel Angel dévêtit sa peau de dauphin
　　et se changea en arc-en-ciel

Miguel Angel rejetant sa peau d'eau bleue
　　revêtit sa peau de volcan

et s'installa montagne toujours verte
　　à l'horizon de tous les hommes

Miguel Angel Asturias.

Wifredo Lam...

rien de moins à signaler
que le royaume est investi
le ciel précaire
la relève imminente et légitime

rien sinon que le cycle des genèses vient sans préavis
d'exploser et la vie qui se donne sans filiation
le barbare mot de passe

rien sinon le frai frissonnant des formes qui se libèrent
des liaisons faciles
et hors de combinaisons trop hâtives s'évadent

mains implorantes
mains d'orantes
le visage de l'horrible ne peut être mieux indiqué
que par ces mains offusquantes

liseur d'entrailles et de destin violets
récitant de macumbas
mon frère
que cherches-tu à travers ces forêts
de cornes de sabots d'ailes de chevaux
toutes choses aiguës
toutes choses bisaiguës
mais avatars d'un dieu animé au saccage
envol de monstres
j'ai reconnu aux combats de justice
le rare rire de tes armes enchantées
le vertige de ton sang
       et la loi de ton nom.

Wifredo Lam dans son atelier, devant son tableau *La Jungle*.

rabordaille

en ce temps-là le temps était l'ombrelle d'une femme très belle
au corps de maïs aux cheveux de déluge
en ce temps-là la terre était insermentée
en ce temps-là le cœur du soleil n'explosait pas
(on était très loin de la prétintaille quinteuse
qu'on lui connaît depuis)
en ce temps-là les rivières se parfumaient incandescentes
en ce temps-là l'amitié était un gage
pierre d'un soleil qu'on saisissait au bond
en ce temps-là la chimère n'était pas clandestine
ce n'était pas davantage une échelle de soie contre un mur
contre le Mur
alors vint un homme qui jetait comme cauris
ses couleurs
et faisait revivre vive la flamme des palimpsestes
alors vint un homme dont la défense lisse
était un masque goli
et le verbe un poignard acéré
alors un homme vint qui se levait contre la nuit du temps
un homme stylet
un homme scalpel
un homme qui opérait des taies
c'était un homme qui s'était longtemps tenu
entre l'hyène et le vautour
au pied d'un baobab
un homme vint
un homme vent
un homme vantail
un homme portail

Annonciation 6, Wifredo Lam, 1969.

le temps n'était pas un gringo gringalet
je veux dire un homme rabordaille
             un homme vint
un homme

cérémonie vaudou pour Saint John Perse...

celui qui balise l'aire d'atterrissage des colibris
celui qui plante en terre une hampe d'asclépias de Curaçao
pour fournir le gîte aux plus grands monarques du monde
qui sont en noblesse d'exil et papillons de passage

celui pour qui les burseras de la sierra suant sang et eau plus de sang que d'eau et pelés
n'en finissent pas de se tordre les bras grotesques dans leur parade de damnés

celui qui contemple chaque jour la première lettre génétique
qu'il est superflu de nommer
jusqu'à parfait rougeoiement
avec à recueillir le surplus de forces hors du vide historique

le chercheur de sources perdues
le démêleur de laves cordées

celui qui calcule l'étiage de la colère
dans les terres de labour et de mainbour
celui qui du sang rencontre la roue du temps et du contretemps
mille fois plus gémissante que norias sur l'Oronte
celui qui remplace l'asphodèle des prairies infernales
par — sacrale — la belle coiffure afro de l'haemanthus
— Angela Davis de ces lieux — riche de toutes les épingles
                de nos sangs hérissés

(le vit-il le vit-il l'Étranger
plus rouge pourtant que le sang de Tammouz
et nos faces décebales
le vit-il le vit-il l'Étranger ?)

phlégréennes
oiseaux profonds
tourterelles de l'ombre et du grief

et que l'arc s'embrase
et que de l'un à l'autre océan
les magmas fastueux en volcans se répondent pour de toutes gueules de tous fumants sabords honorer en route pour le grand large
l'ultime Conquistador en son dernier voyage

Saint John Perse.

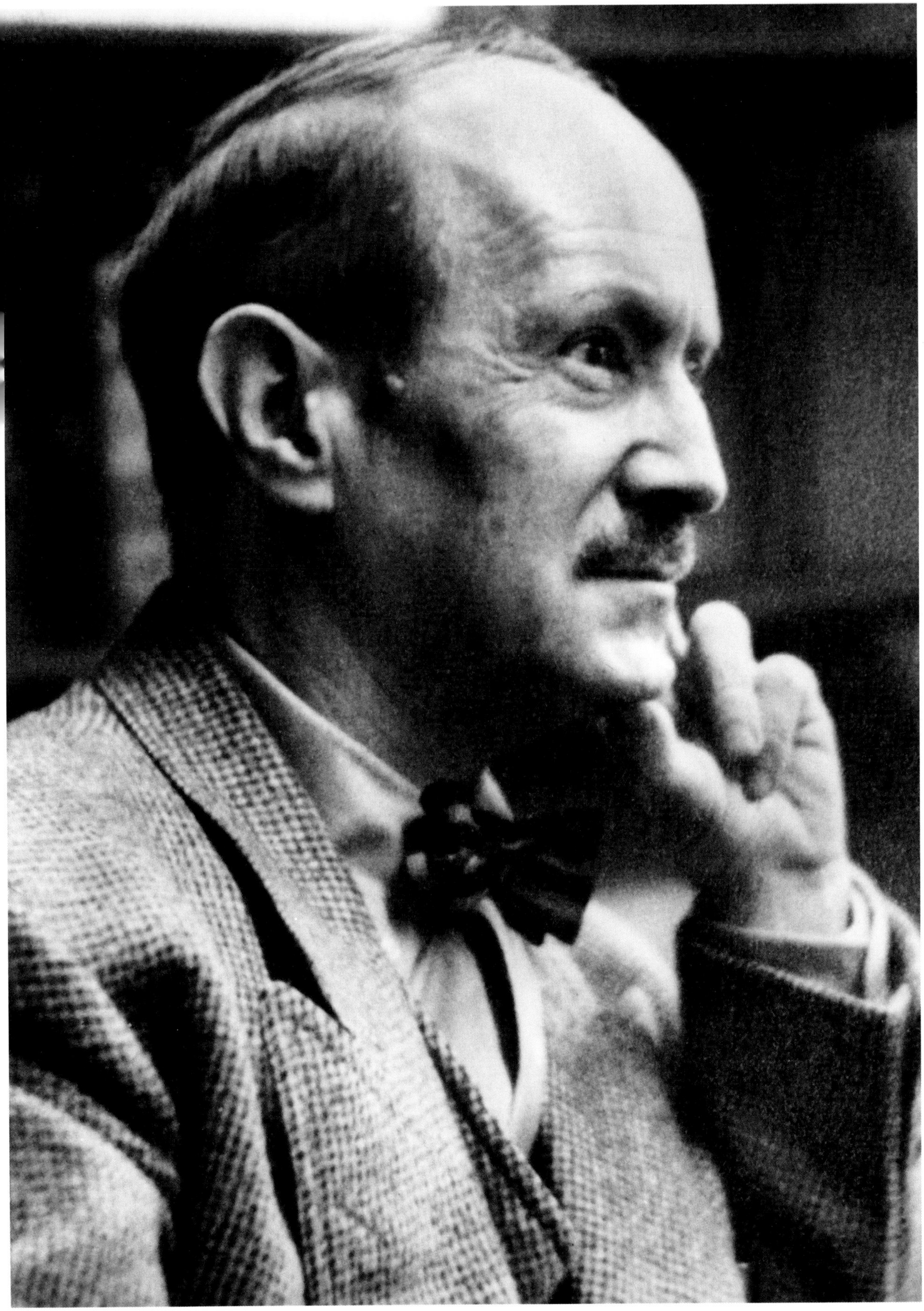

stèle obsidienne pour Alioune Diop

                    Frère pour toi je t'ai instruit en oiseau
oiseau ganga d'Afrique pour traverser intact le plus chaud
des sables du désert
    oiseau coliou d'Afrique pour déjouer les ruses de la
    broussaille et affronter le rire
de la forêt
    franchisseur d'areg
    huppe redressée d'un soudain orgueil
    tu savais voler haut
            migrant majeur
tu savais voler loin
haut surtout
embrassant d'un coup d'œil seul et jusqu'à sa plus
lointaine parcelle
le patrimoine héréditaire
inspecteur des déshérences
testeur des fidélités
n'agréant de quotidien commerce
qu'avec les espérances inaperçues et les vastes souvenirs
dont la faveur niellait au creux ou dormait au revers
la finesse légendaire de chacun de tes gestes

obsidienne de la mémoire
homme du rescrit
        homme de la récade

        le Message
à travers la poussière des confins
et le ventre et la vague
tu le tins au-dessus de ta tête toujours

Alioune Diop.

à bout de bras hors boue
à bout de cœur
             hors peur
fidèle à l'ordre intime.

20 avril 1983

Dyali

pour Léopold Sédar Senghor

le pont de lianes s'il s'écroule
c'est sur cent mille oursins d'étoiles
à croire qu'il n'en fallait pas une seule de moins
pour harceler nos pas de bœuf-porteur
et éclairer nos nuits
il m'en souvient
et dans l'écho déjà lointain
ce feulement en nous de félins très anciens

Alors la solitude aura beau se lever
d'entre les vieilles malédictions
et prendre pied aux plages de la mémoire
parmi les bancs de sable qui surnagent
et la divagation déchiquetée des îles
je n'aurai garde d'oublier la parole
du dyali

dyali
par la dune et l'élime
convoyeur de la sève et de la tendresse verte
inventeur du peuple et de son bourgeon
son guetteur d'alizés
maître de sa parole
tu dis *dyali*
et *Dyali* je redis
le diseur d'essentiel
le toujours à redire

et voilà comme aux jours de jadis
l'honneur infatigable

Voilà face au Temps
un nouveau passage à découvrir
une nouvelle brèche à ouvrir
dans l'opaque dans le noir dans le dur
et voilà une nouvelle gerbe de constellations
à repérer
pour la faim pour la soif des oiseaux oubliés
de nouvelles haltes de nouvelles sources

et voilà
            Voilà

                        Dyali
la patience paysanne des semences à forcer
et l'entêtement d'une conjuration de racines

à fond de terre
à fond de cœur

        à l'arraché du soleil

                    blason

Léopold Sédar Senghor et Aimé Césaire.

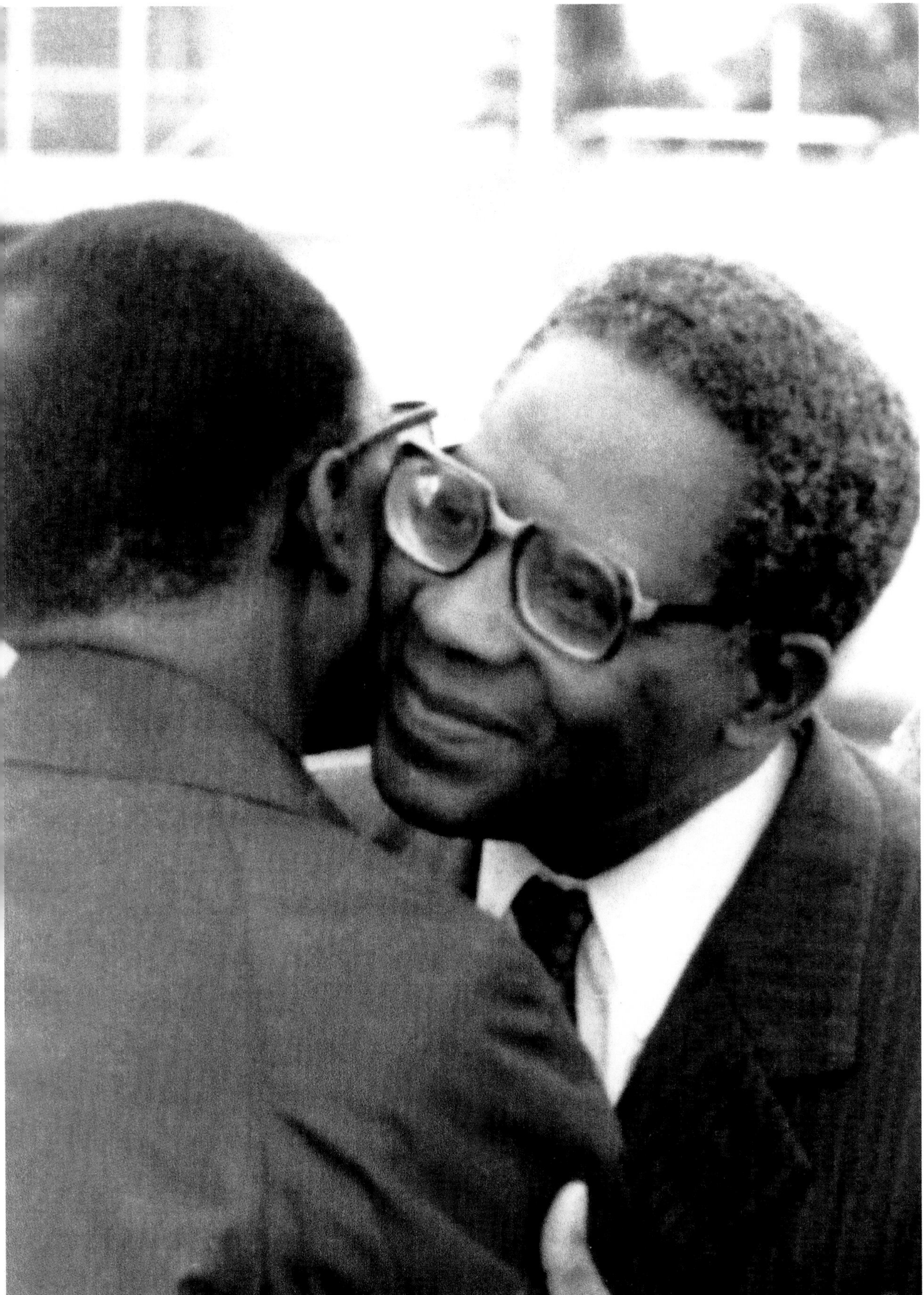

paroles d'îles

pour saluer Édouard Maunick

Si nous voulons réappareiller l'abeille dans les campêchiers du sang

Si nous voulons désentraver les mares et les jacinthes d'eau

Si nous voulons réfuter les crabes escaladeurs d'arbres et dévoreurs de feuilles

Si nous voulons transformer la rouille et la poussière des rêves en avalanche d'aube

Qu'es-tu...

Toi qui comprends ce que disent les îles

Et qu'elles se communiquent dans la marge des mers et dans le dos des terres dans leur jargon secret d'algues et d'oiseaux

Qu'es-tu comparse du feu et du flux et du souffle

Qu'es-tu venu nous dire en violence et tendresse

Sinon qu'à portée de la voix

À portée de la main et de la conque

À portée du cœur et du courage

Parole plus loin parole plus haut
lèvent l'arbre-épée et l'épée
Espérance à flanc d'abîme

Moissons vivantes de la Mémoire.

Édouard Maunick.

pour un cinquantenaire

à Lilyan Kesteloot

Excède exsude exulte Élan
il nous faut Présence construire ton évidence
en contreforts de pachira
en obélisque
en cratère pour menfenil
en rayon de soleil
en parfum de copahu
    peu importe
en poupe de caravelle
en flottille d'almadies
en favelles
en citadelles
en rempart d'andésite
en emmêlement de pitons
    il n'importe
le vent novice de la mémoire des méandres
s'offense
à vif que par mon souffle
de mon souffle il suffise
pour à tous signifier
présent et à venir
qu'un homme était là
et qu'il a crié
en flambeau au cœur des nuits
en oriflamme au cœur du jour
en étendard
en simple main tendue
une blessure inoubliable.

Photo de famille à la Sorbonne du 1ᵉʳ Congrès des écrivains et artistes noirs, 1956.

Annonciation 2, Wifredo Lam, 1969.

PORTRAIT PARCOURS

    Je retrouverais le secret des grandes communications et des grandes combustions. Je dirais orage. Je dirais fleuve. Je dirais tornade. Je dirais feuille. Je dirais arbre. Je serais mouillé de toutes les pluies, humecté de toutes les rosées. Je roulerais comme du sang frénétique sur le courant lent de l'œil des mots en chevaux fous en enfants frais en caillots en couvre-feu en vestiges de temple en pierres précieuses assez loin pour décourager les mineurs. Qui ne me comprendrait pas ne comprendrait pas davantage le rugissement du tigre.

cahier d'un retour... (fin)

Et à moi mes danses
mes danses de mauvais nègre
à moi mes danses
la danse brise-carcan
la danse saute-prison
la danse il-est-beau-et-bon-et-légitime-d'être-nègre
À moi mes danses et saute le soleil sur la raquette de mes mains
mais non l'inégal soleil ne me suffit plus
enroule-toi, vent, autour de ma nouvelle croissance
pose-toi sur mes doigts mesurés
je te livre ma conscience et son rythme de chair
je te livre les feux où brasille ma faiblesse
je te livre le chain-gang
je te livre le marais
je te livre l'intourist du circuit triangulaire
dévore vent
je te livre mes paroles abruptes
dévore et enroule-toi
et t'enroulant embrasse-moi d'un plus vaste frisson
embrasse-moi jusqu'au nous furieux
embrasse, embrasse-NOUS
mais nous ayant également mordus
jusqu'au sang de notre sang mordus !
embrasse, ma pureté ne se lie qu'à ta pureté
mais alors embrasse
comme un champ de justes filaos
le soir
nos multicolores puretés
et lie, lie-moi sans remords
lie-moi de tes vastes bras à l'argile lumineuse
lie ma noire vibration au nombril même du monde

lie, lie-moi, fraternité âpre
puis, m'étranglant de ton lasso d'étoiles
monte, Colombe
monte
monte
monte
Je te suis, imprimée en mon ancestrale cornée blanche.
monte lécheur de ciel
et le grand trou noir où je voulais me noyer l'autre lune
c'est là que je veux pêcher maintenant la langue
maléfique de la nuit en son immobile verrition !

dit d'errance

    Tout ce qui jamais fut déchiré
en moi s'est déchiré
tout ce qui jamais fut mutilé
en moi s'est mutilé
au milieu de l'assiette de son souffle dénudé
le fruit coupé de la lune toujours en allée
vers le contour à inventer de l'autre moitié

    Et pourtant que te reste-t-il du temps ancien

    à peine peut-être certain sens
    dans la pluie de la nuit de chauvir ou trembler
    et quand d'aucuns chantent Noël revenu
    de songer aux astres
    égarés

voici le jour le plus court de l'année
ordre assigné tout est du tout déchu
les paroles les visages les songes
l'air lui-même s'est envenimé
quand une main vers moi s'avance
j'en ramène à peine l'idée
j'ai bien en tête la saison si lacrimeuse

le jour avait un goût d'enfance
de chose profonde de muqueuse
vers le soleil mal tourné
fer contre fer une gare vide
où pour prendre rien
s'enrouait à vide à toujours geindre le même bras

Ciel éclaté courbe écorchée
de dos d'esclaves fustigés

peine trésorière des alizés
grimoire fermé mots oubliés
j'interroge mon passé muet

Île de sang de sargasses
île morsure de remora
île arrière-rire des cétacés
île fin mot de bulle montée
île grand cœur déversé
haute la plus lointaine la mieux cachée
ivre lasse pêcheuse exténuée
ivre belle main oiselée
île maljointe île disjointe
toute île appelle
toute île est veuve
Bénin Bénin ô pierre d'aigris
Ifé qui fut Ouphas
une embouchure de Zambèze
vers une Ophir sans Albuquerque
tendrons-nous toujours les bras ?
jadis ô déchiré
Elle pièce par morceau
rassembla son dépecé
et les quatorze morceaux
s'assirent triomphants dans les rayons du soir.

J'ai inventé un culte secret
mon soleil est celui que toujours on attend

le plus beau des soleils est le soleil nocturne

Corps féminin île retournée
corps féminin bien nolisé

corps féminin écume-né
corps féminin île retrouvée
et qui jamais assez ne s'emporte
qu'au ciel il n'emporte
ô nuit renonculée
un secret de polypier
corps féminin marche de palmier
par le soleil d'un nid coiffé
où le phénix meurt et renaît
nous sommes âmes de bon parage
corps nocturnes vifs de lignage
arbres fidèles vin jaillissant
moi sibylle flébilant.

Eaux figées de mes enfances
où les avirons à peine s'enfoncèrent
millions d'oiseaux de mes enfances
où fut jamais l'île parfumée
de grands soleils illuminée
la saison l'aire tant délicieuse
l'année pavée de pierres précieuses ?
Aux crises des zones écartelé
en plein cri mélange ténébreux
j'ai vu un oiseau mâle sombrer
la pierre dans son front s'est fichée
je regarde le plus bas de l'année

Corps souillé d'ordure savamment mué
espace vent de foi mentie
espace faux orgueil planétaire
lent rustique prince diamantaire
serais-je jouet de nigromance ?
Or mieux qu'Antilia ni que Brazil
pierre milliaire dans la distance
épée d'une flamme qui me bourrelle
j'abats les arbres du Paradis

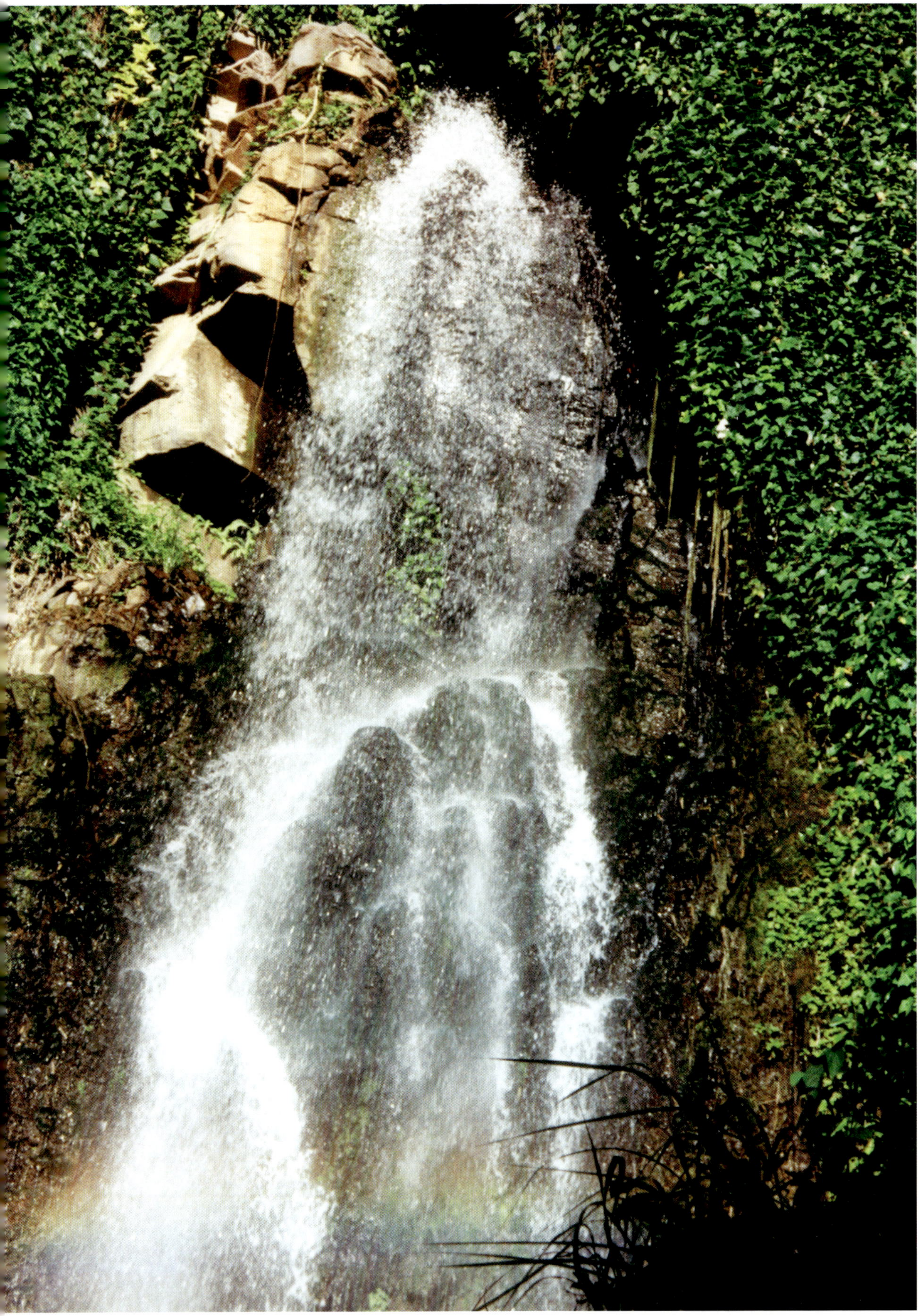

transmission

le surplus
    je l'avais distribué aux rides des chemins
    à l'acharnement des ravins
les forces ne s'épuisent pas si vite
quand on n'en est que le dépositaire fragile.
qui combien au prix de quels hasards
les avaient amassées ?

    un signe
    un rien
    une lueur au bas du ciel
    une flamme née du sol
    un tremblement de l'air
    le signe que rien n'est mort

je hurlais :
    vous n'avez pas le droit de laisser couper
    le chemin de la transmission

je hurlais :
    la bouffonnerie des neurones
    suffit à mettre hors de cause l'état de la caldeira

je hurlais au violent éclatement

cependant le temps me serpait dur
jusqu'à la racine intacte.

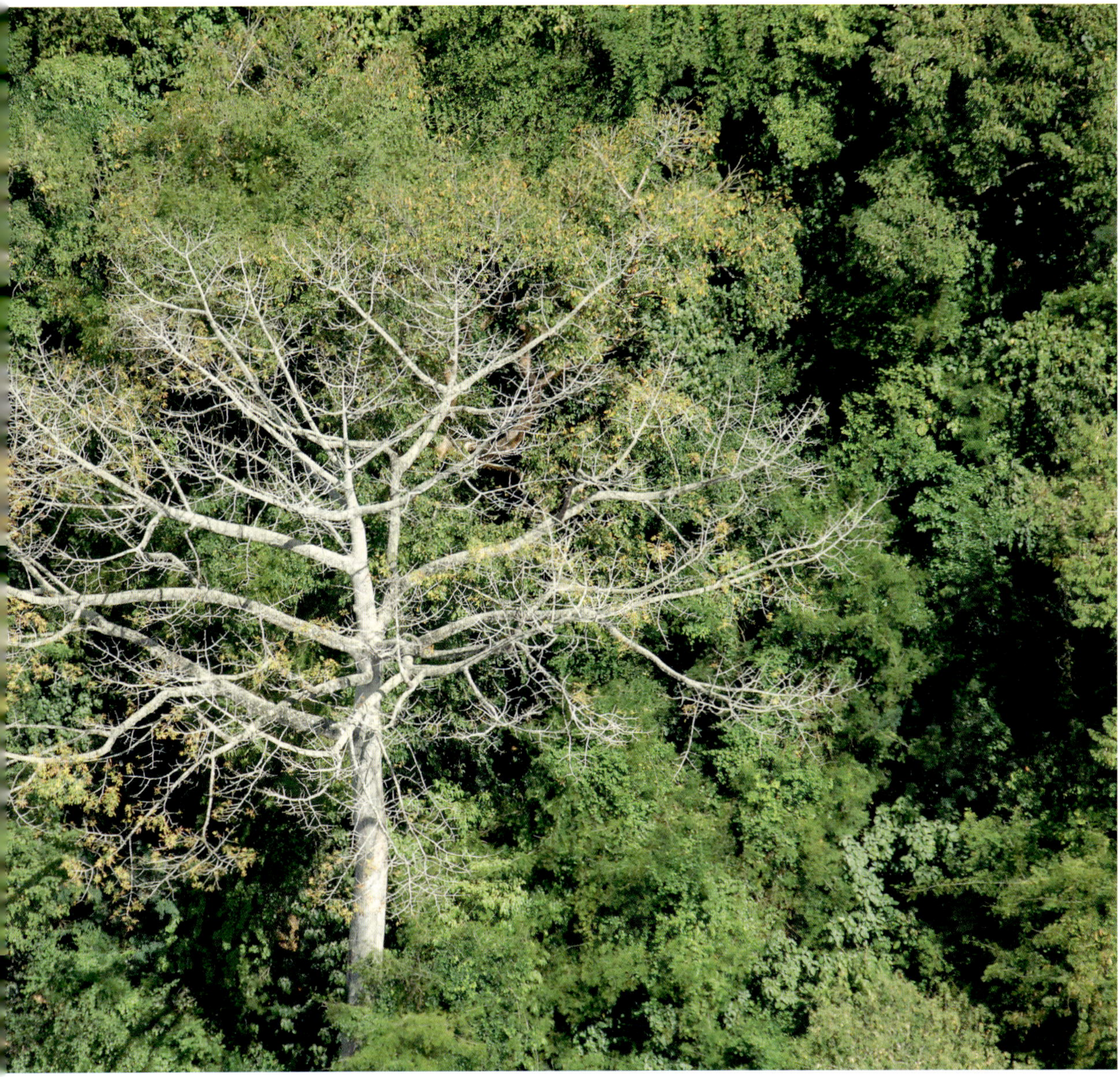

parcours

j'ai de ma salive étroite tenu liquide le sang
l'empêchant de se perdre aux squames oublieux
j'ai chevauché sur des mers incertaines
les dauphins mémorants
inattentif à tout
sauf à recenser le récif
à bien marquer l'amer
j'ai pour l'échouage des dieux réinventé les mots
où j'ai pris pied j'ai défoncé la friche
creusé le sillon modelé l'ados
çà et là piquant bout blanc après bout blanc
ô Espérance
l'humble degras de ta bouture amère

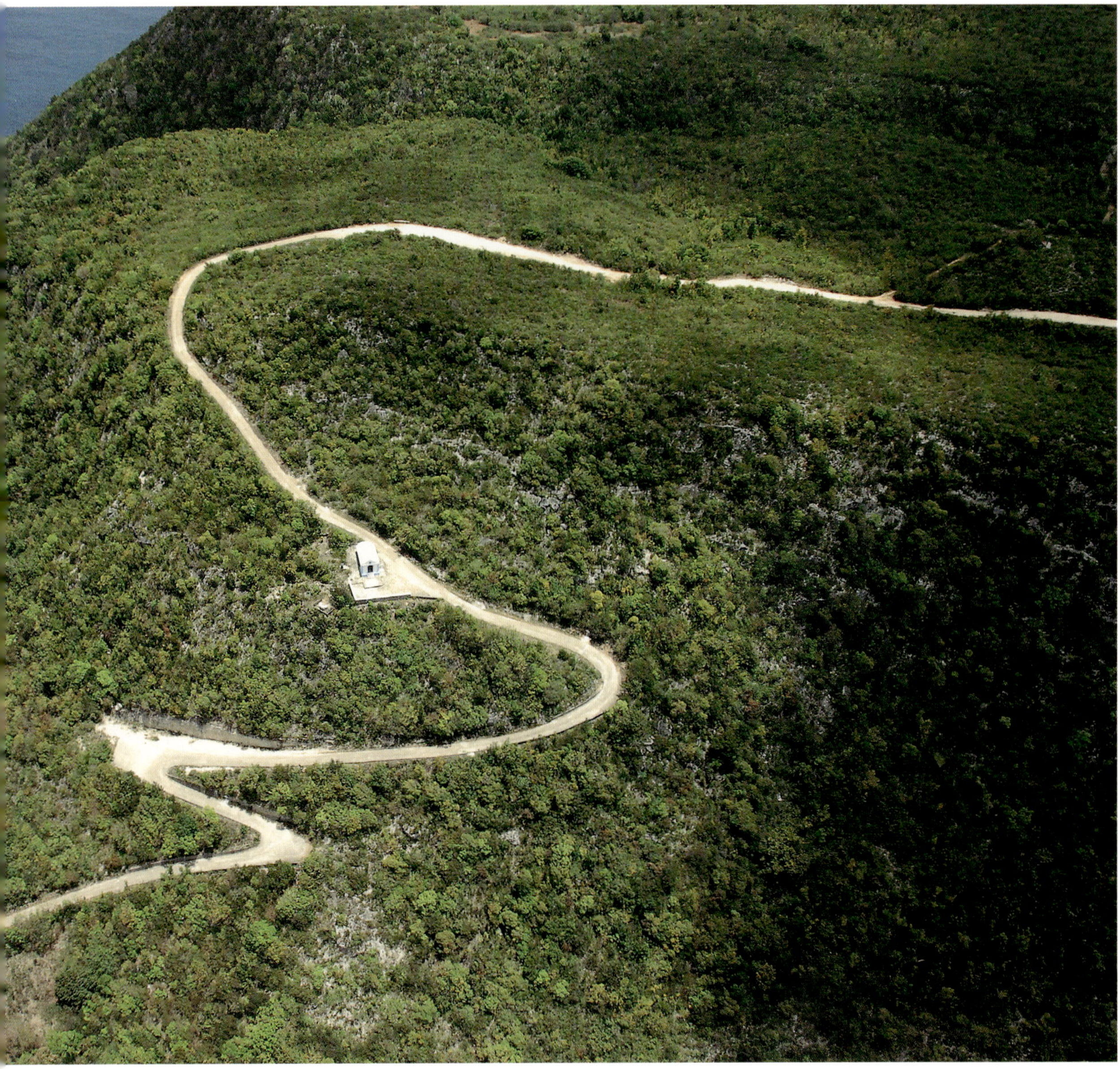

dérisoire

lettre à une amie lointaine

Je ne suis pas cloué sur le plus absurde des rochers
Aucune prouesse ailée ne me visita jamais
De l'abîme aucun chœur ne monte vers moi
Si ce n'est parfois le hoquet d'une cargaison de naufragés
Inutile de préciser
Que je n'ai cure d'un état civil établi
à l'évidence par pure nostalgie
Je ne suis balafré d'aucun bec complaisant
Menacé d'aucune vengeance sérieuse
pour le reste
Les difficultés de la rétrovision
se compensant fort bien par l'élargissement de la vision
Je ne broute pas la panique
Je ne rumine pas le remords
Tout juste je picore parmi l'ordinaire saison
Guettant le temps d'un bref éclair
(le temps dit mort)
le sillage d'un acquiescement perdu
ou si l'on veut d'un ordre

PS :
Mais si toute sève s'est abolie
Si le courant se refuse
Si défaille l'alizé
Si même pollen et sable ne m'arrivent
natal
Si de moi-même à moi-même
l'inutile piste s'effraye et se poursuit

Que mon seul silence me livre
D'un coup dans le creux du gésir
La jubilation mal déchiffrée d'un
magma solitaire
Cavalier du temps et de l'écume

configurations

à Jacqueline Leiner

1

rumeur
    de remugle de mangles
    de coques déchirées
           de graines volantes

rumeur de graines ancreuses qui savent si bien
s'inventer le supplice d'une terre

(et tant pis pour ceux qui ne comprennent pas
la gravité toujours à remonter de ce jeu de
dérives et d'échouages)

condescendance du balisage annoncée

    galop précipité du fond des âges
    de toutes bêtes effarouchées

        la langue de feu
        le dire

la bonne vipère exaspérée du tendre lait des hommes

2

Quand je me réveille et me sens tout montagne
pas besoin de chercher. On a compris.
Plus Pelée que le temps ne l'explique.

D'autres fois à me tâter tatou, je m'insiste
de toute évidence en Caravelle, étreignant
sans phare tous feux éteints
un océan d'huile fausse et de flibuste

Parfois c'est une cannaie en fleurs qui m'improvise
plumet en tête.
Balance ce n'est pas le bon signe.
C'est que j'attends l'imminente arrivée d'un mildiou
rabougrisseur.

Mes beaux jours, c'est quand,
sans scrupule, furibond tourbillon cynique,
ricanant de toute proie enfermée dans la serre de mes
remous,

je m'élance

    aveugle
    à mort
    amok.

Ça c'est mes jours glorieux
                  rageur
                          vengeur

            3

Rien ne délivre jamais que l'obscurité du direDire de
pudeur et d'impudeur
Dire de la parole dure.

Enroulement de la grande soif d'être
spirale du grand besoin et du grand retour d'être
nœud d'algues et d'entrailles
nœud du flot et du jusant d'être.
J'oubliais : le dire aussi d'étale :
c'est nouée la fureur de ne pas dire.

La torpeur ne dit pas.
Épaisse. Lourde. Crasse.
Précipité. Qui a osé ?
l'enlisement est au bout.
Au bout de la boue.
ah !
    il n'est parole que de sursaut.
    Briser la boue.
       Briser.

Dire d'un délire alliant l'univers tout entier
à la surrection d'un rocher !

4

Cet espace griffonné de laves trop hâtives
je le livre au Temps.
(le temps qui n'est pas autre chose que la
lenteur du dire)
                      la fissure
              toute blessure
jusqu'à la morsure de l'instant infligée
par l'insecte innocent
L'interstice même que la vie ne combla
tout se retrouvera là
cumulé pour le sable généreux

Prière reconnaître à l'orée de la caverne
un bloc de jaspe rouge
assassiné de jour
   caillot

calendrier lagunaire

j'habite une blessure sacrée
j'habite des ancêtres imaginaires
j'habite un vouloir obscur
j'habite un long silence
j'habite une soif irrémédiable
j'habite un voyage de mille ans
j'habite une guerre de trois cents ans
j'habite un culte désaffecté entre bulbe et caïeu
j'habite l'espace inexploité
j'habite du basalte non une coulée
mais de la lave le mascaret
qui remonte la valleuse à toute allure
et brûle toutes les mosquées
je m'accommode de mon mieux de cet avatar
d'une version du paradis absurdement ratée
— c'est bien pire qu'un enfer —
j'habite de temps en temps une de mes plaies
chaque minute je change d'appartement
et toute paix m'effraie

    tourbillon de feu
    ascidie comme nulle autre pour poussières
    de mondes égarés
    ayant craché volcan mes entrailles d'eau vive
    je reste avec mes pains de mots et mes minerais
    secrets

j'habite donc une vaste pensée
mais le plus souvent je préfère me confiner
dans la plus petite de mes idées
ou bien j'habite une formule magique
les seuls premiers mots

tout le reste étant oublié
j'habite l'embâcle
j'habite la débâcle
j'habite le pan d'un grand désastre
j'habite le plus souvent le pis le plus sec
du piton le plus efflanqué — la louve de ces nuages —
j'habite l'auréole des cactacées
j'habite un troupeau de chèvres tirant sur la tétine
de l'arganier le plus désolé
à vrai dire je ne sais plus mon adresse exacte
bathyale ou abyssale
j'habite le trou des poulpes
je me bats avec un poulpe pour un trou de poulpe

    frère n'insistez pas
    vrac de varech
    m'accrochant en cuscute
       ou me déployant en porana
    c'est tout un
       et que le flot roule
       et que ventouse le soleil
       et que flagelle le vent
    ronde bosse de mon néant

la pression atmosphérique ou plutôt l'historique
agrandit démesurément mes maux
même si elle rend somptueux certains de mes mots

Poème gravé sur la tombe d'Aimé Césaire à Fort-de-France.

Double page suivante : Aimé Césaire arrêté en voiture sous l'ombre de son fromager.

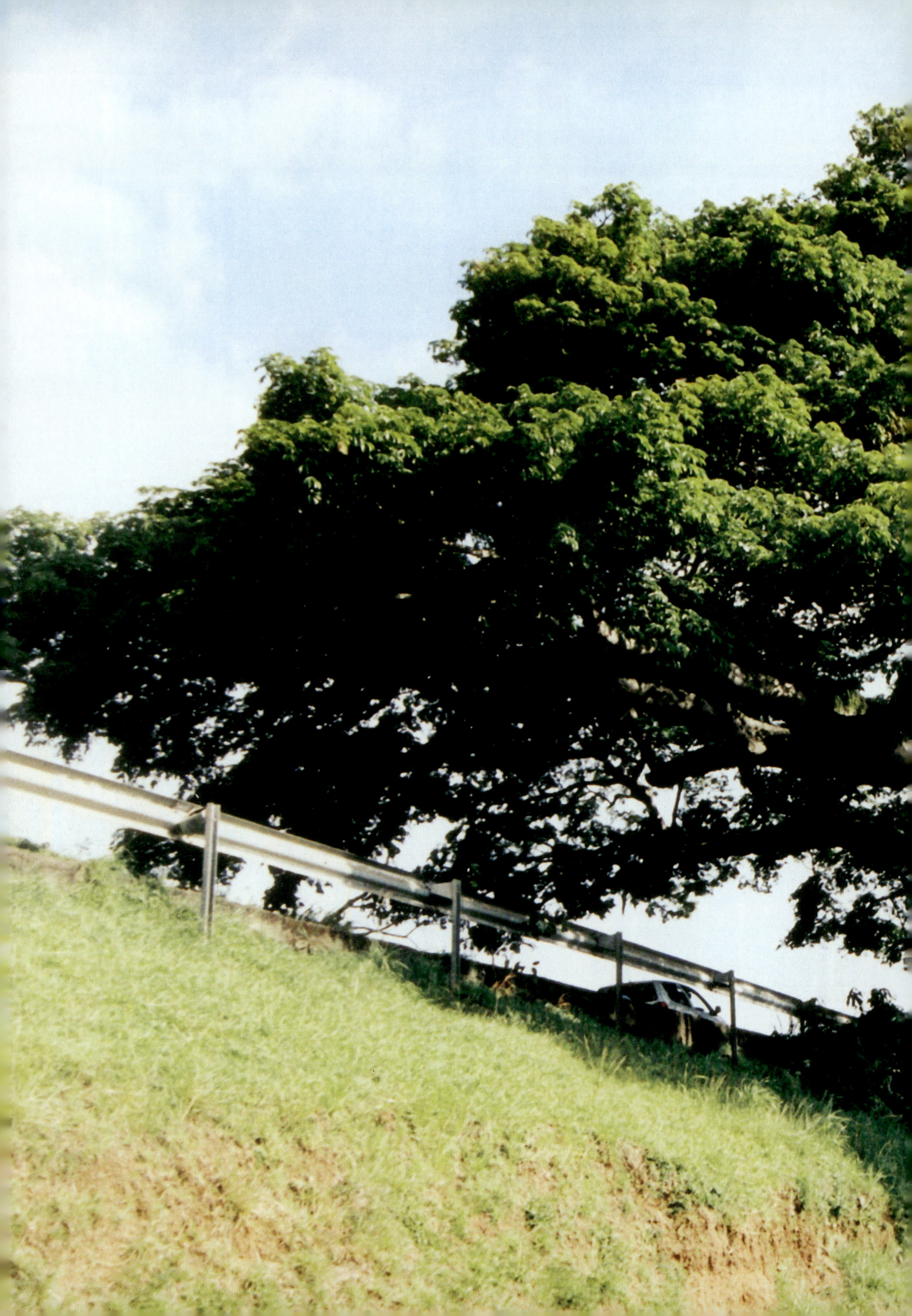

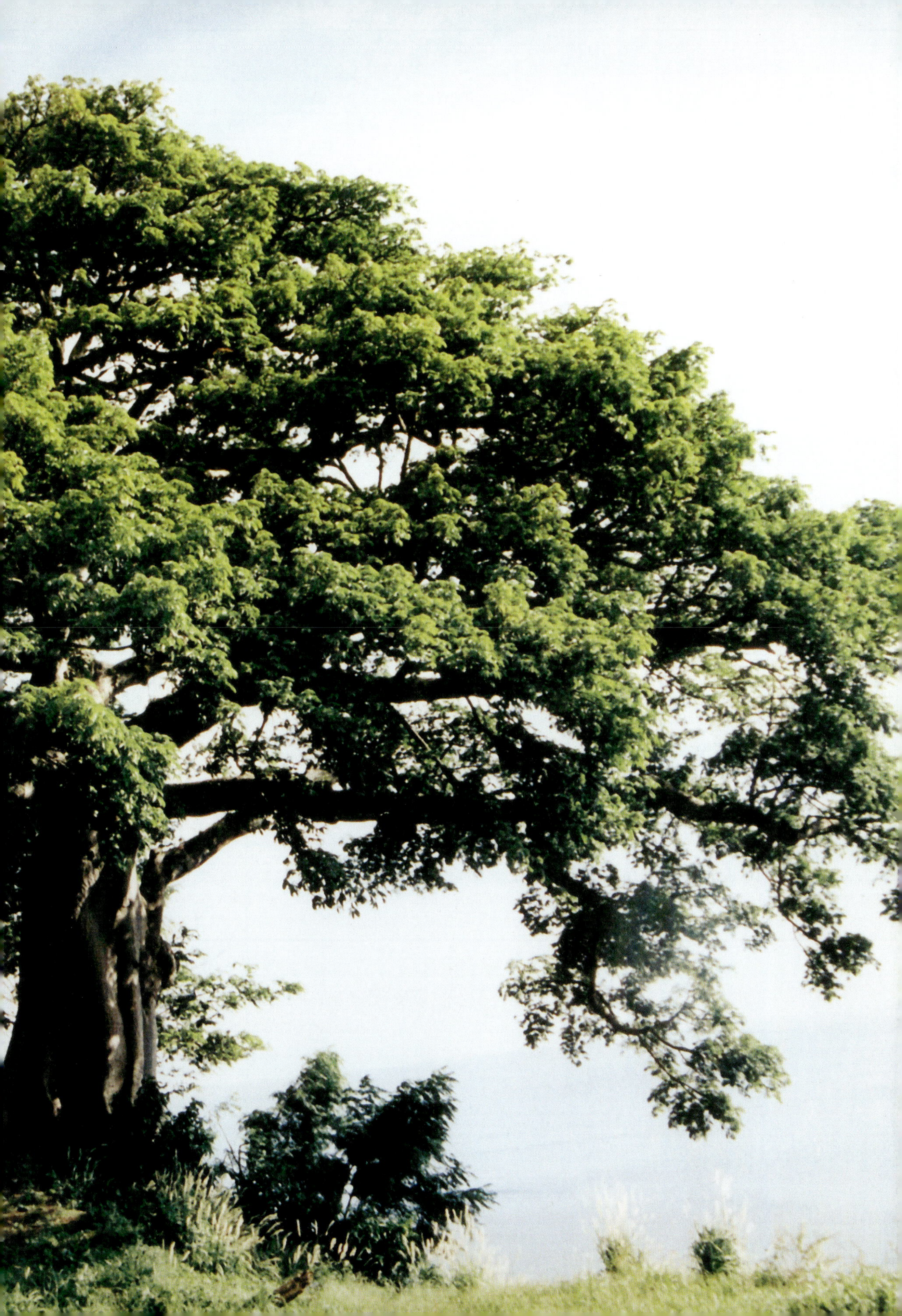

table des matières

4	par lui-même : Aimé Césaire (Daniel Maximin)

OUVERTURES

12	cahier d'un retour (*Cahier d'un retour au pays natal*)
16	avis de tirs (*Les Armes miraculeuses*)
17	les pur-sang (*Les Armes miraculeuses*)
20	batouque (*Les Armes miraculeuses*)
24	histoire de vivre (*Tropiques*)
26	corps perdu (*Cadastre*)
28	faveur (*Moi, laminaire*)
29	introduction à *Moi, laminaire...* (*Moi, laminaire...*)

POÉTIQUE

33	le verbe marronner (*Noria*)
36	viscères du poème (*Ferrements*)
38	mot-macumba (*Moi, laminaire...*)
40	chemin (*Moi, laminaire...*)
41	insolites bâtisseurs (*Moi, laminaire...*)
42	passage (*Comme un malentendu de salut*)
43	vertu des lucioles (*Comme un malentendu de salut*)
44	le chant d'Ariel (*Une tempête*)

HISTOIRE

48	cahier d'un retour (*Cahier d'un retour au pays natal*)
50	perdition (*Les Armes miraculeuses*)
51	prophétie (*Les Armes miraculeuses*)
52	an neuf (*Soleil cou coupé*)
54	barbare (*Soleil cou coupé*)
56	mot (*Cadastre*)
58	pour Ina (*Ferrements*)
60	oiseaux (*Ferrements*)
61	grand sang sans merci (*Ferrements*)
62	va-t'en chien des nuits (*Ferrements*)
63	beau sang giclé (*Ferrements*)

64	mémorial de Louis Delgrès (*Ferrements*)		101	statue de Lafcadio Hearn (*Ferrements*)
70	à la mémoire d'un syndicaliste noir (*Ferrements*)		102	chanson de l'hippocampe (*Moi, laminaire…*)
74	hors des jours étrangers (*Ferrements*)		103	maillon de la cadène (*Moi, laminaire…*)
76	Christophe et Metellus (*La Tragédie du roi Christophe*)		104	la loi des coraux (*Moi, laminaire…*)
80	discours de Lumumba (*Une saison au Congo*)		106	comme un malentendu de salut (*Comme un malentendu de salut*)
83	mangrove (*Moi, laminaire…*)		107	rocher de la femme endormie (*Comme un malentendu de salut*)
84	banal (*Moi, laminaire…*)			
86	j'ai guidé du troupeau la longue transhumance (*Moi, laminaire…*)		## GÉOGRAPHIE CORDIALE	
88	nouvelle bonté (*Moi, laminaire…*)		110	Mississipi (*Cadastre*)
90	parole due (*Comme un malentendu de salut*)		111	blues de la pluie (*Cadastre*)
			112	spirales (*Ferrements*)
## ÎLES			114	blanc à remplir sur la carte voyageuse du pollen (*Ferrements*)
94	cahier d'un retour (*Cahier d'un retour au pays natal*)		115	en vérité… (*Ferrements*)
96	magique (*Cadastre*)		116	lettre de Bahia-de-tous-les-saints (*Noria*)
98	comptine (*Ferrements*)		118	algues (*Moi, laminaire…*)
100	c'est moi-même, Terreur, c'est moi-même (*Ferrements*)		119	inventaire de cayes (*Moi, laminaire…*)

120	crevasses (*Moi, laminaire...*)	158	séisme (*Ferrements*)
122	dorsale bossale (*Moi, laminaire...*)	160	danse de Lumumba et Hélène Bijou (*Une saison au Congo*)
124	la force de regarder demain (*Moi, laminaire...*)	161	foyer... (*Moi, laminaire...*)

AFRIQUES

PRÉSENCES

128	à l'Afrique (*Soleil cou coupé*)	164	annonciation (*Les Armes miraculeuses*)
131	le temps de la liberté (*Ferrements*)	165	tam-tam I (*Les Armes miraculeuses*)
134	Afrique (*Ferrements*)	166	tombeau de Paul Eluard (*Ferrements*)
136	pour saluer le Tiers Monde (*Ferrements*)	170	Léon G. Damas feu sombre toujours... (*Moi, laminaire...*)
138	Éthiopie (*Noria*)	172	par tous mots guerrier-silex (*Moi, laminaire...*)
		174	quand Miguel Angel Asturias disparut (*Moi, laminaire...*)

ELLES

144	l'amante et le rebelle (*Et les chiens se taisaient*)	176	Wifredo Lam... (*Moi, laminaire...*)
149	la mère et le rebelle (*Et les chiens se taisaient*)	178	rabordaille (*Moi, laminaire...*)
154	fils de la foudre (*Soleil cou coupé*)	180	cérémonie vaudou pour Saint John Perse... (*Noria*)
156	samba (*Soleil cou coupé*)	182	stèle obsidienne pour Alioune Diop (*Comme un malentendu de salut*)
157	ferrements (*Ferrements*)	184	Dyali (*Comme un malentendu de salut*)

186   **paroles d'îles**
         (*Comme un malentendu de salut*)
187   **pour un cinquantenaire**
         (*Comme un malentendu de salut*)

PORTRAIT PARCOURS

190   **cahier d'un retour**
         (*Cahier d'un retour au pays natal*)
192   **dit d'errance**
         (*Cadastre*)
196   **transmission**
         (*Moi, laminaire...*)
198   **parcours**
         (*Comme un malentendu de salut*)
200   **dérisoire**
         (*Comme un malentendu de salut*)
202   **configurations**
         (*Comme un malentendu de salut*)
206   **calendrier lagunaire**
         (*Moi, laminaire...*)

bibliographie

Cahier d'un retour au pays natal
POÈME
REVUE *VOLONTÉS*, 1939
BORDAS, 1947
PRÉSENCE AFRICAINE, 1956, 1971

Les Armes miraculeuses
POÈMES
GALLIMARD, 1946,
ET « POÉSIE / GALLIMARD », 1970

Soleil cou coupé
POÈMES
ÉDITIONS K, 1948

Corps perdu
POÈMES
(ILLUSTRATIONS DE PABLO PICASSO)
ÉDITIONS FRAGRANCE, 1949

Discours sur le colonialisme
PRÉSENCE AFRICAINE, 1955, 1970, 2004

Et les chiens se taisaient
THÉÂTRE
PRÉSENCE AFRICAINE, 1956, 1989, 1997

Lettre à Maurice Thorez
PRÉSENCE AFRICAINE, 1956

Ferrements
POÈMES
SEUIL, 1960, 2008
ET « POINTS POÉSIE », N°P 1873

Cadastre
(Soleil cou coupé *et* Corps perdu)
POÈMES
SEUIL, 1961, 2006
ET « POINTS POÉSIE », N° P 1447

Toussaint Louverture
LA RÉVOLUTION FRANÇAISE ET LE PROBLÈME SOCIAL
ESSAI
PRÉSENCE AFRICAINE, 1962, 2004

La Tragédie du roi Christophe
THÉÂTRE
PRÉSENCE AFRICAINE, 1963, 1970

Une saison au Congo
THÉÂTRE
SEUIL, 1973,
ET « POINTS », N° P 831

Une tempête
D'APRÈS *LA TEMPÊTE*, DE WILLIAM SHAKESPEARE, ADAPTATION
POUR UN THÉÂTRE NÈGRE
THÉÂTRE
SEUIL, 1969

Moi, laminaire
POÈMES
SEUIL, 1982,
ET «POINTS POÉSIE », N°P 1447

La Poésie
ŒUVRE POÉTIQUE COMPLÈTE
SEUIL, 1994, 2006

sources & copyrights

Cahier d'un retour au pays natal (1939) © Présence africaine, 1956
« Avis de tirs » ; « Les Pur-sang » ; « Batouque » ; « Perdition » ; « Prophétie » ; « Annonciation » ;
« Tam-tam 1 » *in Les Armes miraculeuses* © Gallimard, 1946
Et les chiens se taisaient (théâtre) © Présence africaine, 1956
La Tragédie du roi Christophe (théâtre) © Présence africaine, 1963
Une saison au Congo (théâtre) © Seuil, 1966, coll. *Points Poésie*, 2001
Une tempête (théâtre) © Seuil, 1969, coll. *Points Poésie*, 1997
La Poésie © Seuil, 1994, nouvelle édition, 2006
Ferrements et autres poèmes © Seuil, coll. *Points Poésie*, 2008

Couverture, p. 25, 39, 59, 123, 155 : famille Césaire/DR ; p. 19, 23, 27, 28, 29, 40, 41, 43, 45, 49, 50, 51, 53, 55, 57, 62, 85, 87, 89, 91, 99, 105, 107, 113, 117, 121, 146, 153, 161, 162, 195, 201, 205, 208-209 : © Françoise Thésée ;
p. 9 : © Christiane Jean-Étienne ;
p. 10, 30, 46, 92, 108, 126, 142, 157, 159, 177, 179, 188 : © Wifredo Lam ; p. 15 : © Keystone France/Eyedea ;
p. 32 : © Sophie Bassouls/Sygma/Corbis ; p. 37, 42, 69, 83, 97, 111, 197, 198 : © Anne Chopin ;
p. 60 : Michel Fressoz ; p. 61, 103 : © Les Stone/Sygma/Corbis ; p. 63 : © John et Lisa Merrill/Corbis ;
p. 73 : © Simon Daniel/Gamma/Eyedea ; p. 75 : © Decosse/Gamma/Eyedea ;
p. 79 : © France Antilles Martinique, 18 avril 2008 ; p. 81 : © Bettmann/Corbis ; p. 95 : © Owen Franken/Corbis ;
p. 102 : © Ravenna/Leemage ; p. 114 : © Ron Watts/Corbis ; p. 115 : © Philippe Joudiou ;
p. 118 : © Frans Lanting/Corbis ; p. 125 : © Corbis ; p. 129 : © George Steinmetz/Corbis ; p. 133 : © Roger-Viollet ;
p. 135 : © Alain Keler/Sygma/Corbis ; p. 137, 171, 185 : © Fernand Bibas ; p. 141 : © Dave Bartruff/Corbis ;
p. 164 : © Selva/Leemage ; p. 165, 169 : © Stefano Bianchetti/Corbis ; p. 173 : © Fonds Frantz Fanon/Archives IMEC ;
p. 175 : © Odile Montserrat/Sygma/Corbis ; p. 181 : © Albert Harlingue / Roger-Viollet ;
p. 183, 186, 187 : © Présence africaine ; p. 191 : © Eric Feferberg/AFP.

Omi Obini, Wifredo Lam, 1943 © ADAGP, Paris 2009 ;
Lumière de la forêt (La Grande Jungle), Wifredo Lam, 1942 © ADAGP, Paris 2009 ;
Le Chant des osmoses, Wifredo Lam, 1942 © ADAGP, Paris 2009 ;
Huracán, Wifredo Lam, 1945-1946 © ADAGP, Paris 2009 ; *La Serre*, Wifredo Lam, 1944 © ADAGP, Paris 2009 ;
Mujer con pájaros (Femme aux oiseaux), Wifredo Lam, 1955 © ADAGP, Paris 2009 ;
Marcheuse des îles, Wifredo Lam, 1944 © ADAGP, Paris 2009 ;
Figure de femme, Wifredo Lam, 1944 © ADAGP, Paris 2009 ;
Annonciation 2, Wifredo Lam, 1969 © ADAGP, Paris 2009 ; *Annonciation 6*, Wifredo Lam, 1969 © ADAGP, Paris 2009.

Remerciements :

Nous tenons à remercier tout particulièrement Françoise Thésée, amie intime de la famille Césaire, qui a offert pour cette édition de nombreuses photos des paysages martiniquais favoris d'Aimé Césaire ainsi que quelques photos de famille. Nous remercions aussi pour leur aide Ina et Michèle Césaire, les deux filles du poète, ainsi qu'Eskil Lam, fils de Wifredo Lam, pour sa contribution au choix des tableaux du peintre-frère du poète.

Ouvrage réalisé par Copyright
Conception graphique et mise en pages : Ariane Galateau
Recherche iconographique : Marie Akar
Coordination éditoriale : Marie Graingeot
Photogravure : Frédéric Bar